# 初心者の素朴な疑問に答えた
# サッカー観戦Q&A

西部謙司

内外出版社

# 初心者の素朴な疑問に答えた サッカー観戦Q&A

## 目次


**はじめに**　素朴な質問に回答者も考えさせられる　6

Step　1　どこをどう見ればいいものか　9

Q１　サッカーって、点が入らないのにどこが面白いのですか？
Q２　世界中の人々が熱狂する理由を教えてください。
Q３　あれだけゴールが大きいのに、シュートが入らないのはなぜですか？
Q４　つまらない試合の楽しみ方を教えてください。
Q５　ウイングとかボランチとか、フォワードとかミッドフィルダーとか、いろいろ呼び方があるんですがよくわかりません。どうすればいいですか？
Q６　４－３－３とか４－４－２とか、あれはどういう意味があるの？　試合が始まったらグチャグチャですよね。
Q７　FW が多かったら攻撃的で、DF が多かったら守備的なの？
Q８　よくわからないうちに点が入っているのですが、どういうところを見ていたら予測できますか？
Q９　点差が開かないのでどちらが強いのかよくわかりません。
Q１０　雨が降っても雪が降っても試合をやるのはなぜ？
Q１１　ヘディングばかりしていたらバカになるって本当？

Step 2　サッカーならではの光景　45

Q12　やっぱりオフサイドがよくわかりません。
Q13　オフサイドルールがなくなったら、もっとわかりやすくなるのに。
Q14　プレーを止めてオフサイドのアピールをする選手がいるのはどうして？
Q15　引き分けでも「勝ち点」が貰えるなら、全員がゴール前で守ればいいのに。
Q16　ゴールから遠ざかるのにサイドから攻めたり、後ろにパスを下げたりするのはなぜ？
Q17　ボールポゼッションという数値が表示されるけど、あれは何の意味があるの？
Q18　シュート数やコーナーキック数が出ているけど、得点には関係ないよね。
Q19　GKがドカーンと蹴って、ほとんど相手ボールになってるけど意味あるの？
Q20　コーナーキックやフリーキックがチャンスと言われるのはなぜ？
Q21　攻撃の選手はゴールとか、ゴールにつながるパスで良し悪しがわかるし、GKもシュートを止めたかどうかでわかるけど、DFとかMFの良し悪しがよくわからない。
Q22　新聞や雑誌の選手の採点表は、どんなところを見てつけているのですか？
Q23　カードを出す、出さないの基準は？　選手が何か言った途端にカードが出るけど、どんなこと言ってるの？
Q24　あんなに判定で揉めるなら、審判の数を増やせばいいんじゃないですか？
Q25　ロスタイムは誰が決めているのですか？　長かったり短かったりしますが。
Q26　試合前に記念撮影しているのはなぜ？

Q27　ボールがない（テレビ画面に映っていない）ところで選手は何をしているの？
Q28　倒れて起き上がれなかった選手が、点が入った途端に駆け回るほど元気になるのはどうしてなんでしょう？
Q29　GKの足がつっているときがありますが、そんなに走っていないのでウソではないでしょうか。
Q30　ケガをした選手がいると、相手チームが外にボールを蹴り出していますが、あれはルールで決まっているのですか？
Q31　スタミナ切れやケガ以外で選手を交代させる理由は何ですか？

Step 3　サッカー語の解釈　99

Q32　「コンパクトに」と言いながら、「ワイドに」と解説者が言ってるけど、どういうこと？
Q33　「スペース」とか「ゾーン」って、どこのことを言ってるの？
Q34　「プレスをかける」というのはどういうことをやるの？
Q35　「球際に強い」とは、どういう意味ですか？
Q36　「カウンター」とは、どういう攻撃のことですか？
Q37　「ラインの上げ下げ」とかコントロールとか言うけど、そもそも「ライン」って何？
Q38　「押し上げる」とは、どういうこと？
Q39　「裏」って、どこのこと？　「表」はあるの？
Q40　「スルーパス」と普通の「パス」の違いがわかりません。
Q41　「組織的なサッカー」と言いますが、11人でやっているのだから組織的なのは当たり前で、逆に組織的じゃないサッカーなんてあるんでしょうか？
Q42　「数的優位」と言いますが、それ以外に●●的優位とかあるんでしょうか。
Q43　「戦術眼」が優れているというのはどういう意味？
Q44　「いい時間帯」って、どんな時間帯ですか？
Q45　「決定力」と「得点力」はどう違うの？

Q46　「決定的チャンス」「決定機」とは？　サッカー以外ではあまり聞きませんが。
Q47　得点が入らなかったのに「いいシュートでしたね」「いいプレーでしたね」と解説者が言っているのはどういうこと？

## Step 4　監督の力量　135

Q48　やっぱり名選手は名監督になるの？
Q49　なんでサッカーの監督はユニフォームを着ないのですか？
Q50　試合中に監督がやることって、何かあるんですか？
Q51　いい選手を集めたら勝てるの？
Q52　いい監督のいる選手がダメなチームと、監督がダメで選手の能力が高いチーム。どちらが強いのでしょう？
Q53　数試合で監督が交代することがありますが、すぐに効果は出るもの？
Q54　日本には外国人の監督が多いのはなぜですか？
Q55　代表監督はどういう基準で、誰が決めているの？

## Step 5　日本のサッカー、世界のサッカー　155

Q56　試合に出場できる機会が減るのに、それでも海外のクラブへ移籍するのはどうしてだと思いますか？
Q57　あんまり活躍していない海外の選手を呼ぶなら、国内でたくさん点をとっている人を代表に呼べばいいのに、どうしていつも海外の選手ばかりなのですか？
Q58　プロ野球は推定年俸が発表されるけど、Ｊリーガーはいくらぐらい貰っているの？
Q59　「移籍金何十億円」というニュースが出ていたりしますが、海外のクラブはそんなにお金があるの？　元がとれるの？　そもそも「移籍金」て何？
Q60　Ｊリーグは春に始まって秋に終わりますが、ヨーロッパが逆なのはなぜですか？

Q61　ホームとアウェーでそんなに違いがあるものなの？　国際試合はともかく国内で。
Q62　野球や相撲はラジオ中継があるのに、サッカーにラジオ中継がないのはどうして？
Q63　オリンピックはどうして23歳以下なんですか？
Q64　日本は弱いの？
Q65　フィジカルの差とか言われるけど、小さい選手も活躍しているから関係ないのでは？
Q66　日本人はサッカーに向いていないんでしょうか？
Q67　日本はどうすれば強くなれますか？　永遠にワールドカップには優勝できませんか？

装画・本文イラスト――高田　桂
装丁・レイアウト――ゴトウアキヒロ

# はじめに

## 素朴な質問に回答者も考えさせられる

編集の津野さんから送られてきた質問を見て、「なるほど、そういうことか」と思いました。

小学生のとき、よく先生から「わからないことがあったら、遠慮なく質問しなさい」と言われました。ところが、何がわからないのかがよくわからないんですよ。だから質問できない。現在、私は記者という仕事をしていますが、質問するというのは意外に簡単なことではないと思っています。実は、質問できる人はその件に関して非常によくわかっていることが多いのです。わかっているから質問できるのであって、わからないと質問すらできない。

「質問がくだらない」

「それはさっき答えたでしょう」

「え？　それ答えないとダメですか」

わからないまま、うっかり質問するとそういう惨事になりかねません。それでますます質問できなくなります。

今回、津野さんから送られてきたのは、いわば「うっかりした質問」の数々でした。あまりにも素朴すぎて、どこから答えていいかわからないものもありました。また、質問は回答を求めてするわけですが、答えのない問いというものが世の中にはあります。誰もが疑問に思いながら、誰も答えを出せない。そういうものも世の中にはあるわけで。あと、質問の趣旨はわかるのだけれども、回答者がその答えを持ち合わせていないこともあります。回答者である私がわからない質問は、「わかりません」と返すようにしました。無責任かもしれませんが、わからんものはわからん。

素朴な質問というのは、回答者も考えさせられることがあります。

「なぜ、人を殺してはいけないのですか？」

例えば、この質問に即答するのは難しい。質問者がいい大人なら、「は？」と言って終わりです。高校生なら、「法律で決まっているからです」でいいと思いますが、5歳の子供ならべつの答え方をしなければならないでしょう。つまり、質問者によって答え方は変わってくるわけです。

今回の質問には性別も年齢もなく、回答者である私にはほとんど何も情報がありませんでした。非常に答えにくい。答えにくい質問に答えるには、質問者に質問するという方法があります。よくわからないで質問している人に対して、何がわからないのかを問い詰めていくと、答え方がだんだん絞られてくるからです。しかし、今回はそれも使えません。

というわけで、質問に対して回答者であるはずの私がさらに自分で質問を重ねてしまう感じになっています。結果的に聞かれたことに答えていないケースもあるかもしれませんが、そういう事情ですので質問された方は相手が悪かったと思って諦めてください。

# Step・1
# どこをどう見ればいいものか

サッカーって、
点が入らないのに
どこが面白いのですか？

**ANSWER**

ゴールシーンしか
興味ない人は
サッカー観戦に
向いていません。

サッカーは90分間で得点が入るのは3回ぐらい。多くても10回を超えることはほとんどありません。ボールゲームの中でも非常に得点が少ない。ですから、得点だけしか楽しめない人はサッカー観戦に向いていないと思います。そういう人はもっとたくさん点が入るバスケットボールとかのほうがいいんじゃないでしょうか。

実はサッカーの面白さは得点の有無とはあまり関係がありません。もちろん点をとるためにプレーしているわけですが、そこまでの過程が面白いんです。守備側は得点させないようにしますから、そのせめぎ合いですね。ただ、サッカーの面白さはそれだけではありません。

「片足でボールを扱うので、片足で立っていなくてはならない。そのバランス（アンバランス？）がサッカーの面白さではないか」

ペレはそんなことを言っています。正直、何を言いたいのかよくわかりません。ただ、サッカーの王様がそう言うのですからそうなのでしょう。ボールタッチの美しさに感じ入る人もいるでしょうし、必死に戦う姿に打たれる人もいるでしょう。ゴールシーンは確かに素晴らしいですが、それ以外にもいろいろな面白いものが転がっている。ペレのようにボールを扱う姿勢そのものに深淵をのぞきみる人もいるかもしれません。いろいろなものが見つけられるから、サッカーは面白いのだと思います。

ゴールシーンはクライマックスではありますが、つけ足しみたいなものです。例えばですね、サスペンス・ドラマで冒頭に事件が起こるとしましょう。で、1分後に「犯人はお前だ！」と刑事が叫び犯人が捕まる。これ、全然面白くないですよね。事件から逮捕までにいろいろな推理があったり、格闘シーンや人間ドラマがある。それでようやく犯人逮捕というクライマックスに至る。その過程が面白いわけです。はい事件、はい逮捕、また事件、はい速攻逮捕……こんなんで50人も犯人が捕まるドラマ見て、面白いですか？　まあ、犯人が誰だかわからないままドラマが終わったら苦情の電話をするかもしれませんが。

ゴールは犯人逮捕のクライマックスシーンだと思ってください。点が入ればいいってもんじゃない。その過程を楽しむんです。逆に言うと、なかなか点が入らないから面白いのかもしれません。

世界中の人々が
熱狂する理由を
教えてください。

ANSWER

すいません、よくわかりません。

ブラジルとアルゼンチンのプレースタイルの違いを説明するのによく使われているのが、「ブラジルはビーチのサッカー、アルゼンチンは草原のサッカー」。ブラジル人は砂浜でプレーするので浮き球の扱いが上手く、アルゼンチン人は草の長い牧草地でやるのでボールがすぐに止まり、競り合いに強いというわけですね。環境に影響を受けるので、各国それぞれのサッカーが存在します。民族的なバックグラウンドが出てくるので、そういう面白さはあるかもしれません。

アルゼンチン人のマウリシオ・ポチェッティーノは、スペインのエスパニョールで初めて監督職に就きました。そして緒戦が同じ街の巨大なライバル、バルセロナでした。メッシ、チャビ、イニエスタらを擁するグアルディオラ監督が率いた3冠の無敵チームです。就任から試合まで2回ぐらいしか練習時間がない中で、ポチェッティーノ監督は前からガンガンとプレスしてボールを奪いに行く作戦を選手に伝えます。「そんなん無理でっせー」というのが、選手たちの偽らざる気持ちだったと思います。ところが、いざやってみるとエスパニョールの勇敢なプレーが奏功して0—0のドローという結果でした。試合後、勇気ある決断について聞かれたポチェッティーノ監督はこう言っています。

「なぜかって？　これしか戦い方を知らないからだよ。フィールドには人生が表れる。私は常に勇敢であることを好み、当然フィールドでもそうありたいからね」

フィールドには人生が表れる。それもまた魅力だと思います。

用具にあんまりお金がかからない、ルールも簡単、実力差があっても点差が開きにくいので勝負の行方がわからない、体格があまり影響しない……このへんもよく言われるサッカーの魅力でしょうか。

結局のところ、よくわかりません。間口が広くて奥行きが深い、そのあたりでしょうか。

あれだけゴールが大きいのに、
シュートが入らないのは
なぜですか？

**ANSWER**

足で蹴るからではないでしょうか。

誰もいないフィールドでゴールを見ると、大きいなあと思います。何でシュートが入らないのか不思議ですよね。プロの選手は子供のころから毎日練習してきているのに、ゴール前10メートル、5メートルのシュートが入らない。

試合になれば相手のDFもいますし、GKも守っていますから、そう簡単には入りません。例えば、Jリーグの練習を見るとわかると思いますが、もの凄い強烈なシュートでも20メートルぐらいの距離からだとGKに防がれます。アマチュアとプロで一番違うのは、たぶんGKの能力だと思います。ほんと、入りませんから。逆に言うと、そんなGKにも防げないコースに打たなければならない。狙いはポストやバーの内側です。ゴールは大きくても、シュートを入れるために狙う場所はピンポイントなんですね。だから枠を外すミスもよくあるわけで。

ちなみに、GKが予測していないタイミングやコースなら、そんなに強いシュートでなくても入ります。完璧にみえるシュートでも防いでしまうプロのGKですが、ミスキックするとあっさり弱いシュートが入っちゃったりします。そういうシュートを狙えば、そんなに精度やスピードがなくてもゴールできますが、それはそれでまた別の難しさがあるわけで。

あと、根本的な理由としてシュートを足で蹴るからかなと。

足を使うのはサッカーなので当たり前ですが、蹴るときはボールを見ますよね。そうするとゴールやGKやDFは見えません。そうすると、蹴りたい場所へしっかり蹴れないミスが出てきます。これはパスも同じ。ハンドボールやバスケットボールは、手でボールを持っています。ボールをつかんでいるのでボールは見ません。目標を見たままでシュートできます。この違いは大きいのではないでしょうか。GKの動きをしっかり見られれば、逆をつくシュートはもっと簡単だと思います。

ヘディングは視線が下がらないので、ゴールやGKをよく見られそうですが、こちらはダイレクトシュートになるので足を使う以上にボールをよく見て合わせないと正確なシュートは打てません。

メッシでもロナウドでも、シュートの瞬間はしっかりボールを見ています。ボールを全く見ないでキックできればいいのですが、そうはいかない。だからシュートは難しいのだと思います。

つまらない試合の
楽しみ方を
教えてください。

ANSWER

我が子の運動会の
つもりで見てください。

サッカーの試合を見ていても面白くない、つまらないという話をよく聞きます。Jリーグがつまらないとか。残念ながら、それはつまらない試合に当たってしまったのでしょう。面白い試合はあります。ただ、誰が見ても面白い試合は10試合やって2つか3つというところです。要は、7～8割の試合は面白くないし、半分ぐらいはつまらない試合になります。だいたいそんなものです。つまらないと思えば見なくてもいいわけですが、ご質問は「つまらない試合の楽しみ方」ですから、すごく前向きですよね。つまらなくても楽しみたい、これはサッカー観戦の重要なポイントだと思います。

もう、楽しみ方は人それぞれでいろいろあるでしょう。好きな選手をずっと見ていてもいいし、ゴール裏で飛び跳ねていれば試合関係なく楽しいかもしれないし、自分なりにテーマを決めて見てもいいかもしれません。まあ、1つあげるとすれば「我が子の運動会」のつもりで見るという方法があります。

小学校の運動会。あれ、自分の子供が出ていなければ、まず見続けるのはしんどいと思います。子供大好きという人はべつですが、どこかのガキが走っているような競技を見たって面白いわけがない。自分の子供が出ていたり、知っている子が出ているから見る気になるわけです。つまり、個人的な思い入れですね。学芸会も音楽会も球技大会も同じです。

逆に言うと、そこに思い入れさえあれば、どんなにつまらないパフォーマンスでも楽しんで見られるわけです。

確実なのは、自分の好きなチームを1つ作ってしまって、いろいろと情報も仕入れて、なるべく強い思い入れを持って見ること。そうすると、たとえ試合内容が相当につまらなくてもあんまり気にならなくなります。「なんで、こんなにつまらないんだ!」と、つまらないことに憤りを感じることもできます。まさに、つまらないことを楽しんでいる（というか怒っているのですが）状態ですよね。怒っても悲しんでも、感情さえ動いていれば少なくとも退屈はしないわけで。

こうなってくると、逆にたまに面白い試合に当たると何倍も楽しめます。つまらない試合に慣れる、というかそういう問題じゃない、その境地に至れば、もはや「つまらない試合を楽しむ」を越えて、ありのままにつまらない試合をつまらないものとして淡々と受け入れるという領域に到達するでしょう。「つまらないねぇ」と言いながら、ニコニコと笑っているような達人になれます。とくにオススメはしませんが。

ウイングとかボランチとか、
フォワードとか
ミッドフィルダーとか、
いろいろ呼び方があるんですが
よくわかりません。
どうすればいいですか？

ANSWER

全部忘れてください。

日本では10人のフィールドプレーヤーの真ん中あたりにいる選手を「ボランチ」と呼んでます。これ、実はポルトガル語です。「ハンドル」とか「舵《かじ》」という意味です。チーム全体を操縦するように、右に左にパスを送る選手だからでしょう。最も基本的なポジションはゴールキーパー（GK）、ディフェンダー（DF）、ミッドフィルダー（MF）、フォワード（FW）です。これだけ知っていれば十分です。日本語にすると、ゴールを守る人、守備者、中衛、前衛ですね。だいたいこれでわかりますよね。

ボランチはMFの中央の選手になりますが、プレーの雰囲気を表したニックネームみたいなものにすぎません。ストライカー（破壊者）なんてのも同じです。べつに知らなくても大丈夫です。何の支障もございません。

そもそも、サッカーのポジションというのはGK以外決まっていません。GKにしてもペナルティーエリアの中で手を使える、他の選手と違うユニフォームを着なければいけない、それだけの違いです。一番前に行ってもオーケーです。他のDF、MF、FWもどこにいても構いませんし、実際いろんなところへ移動します。DFはここからここまでしか動けないなんて決まりはないんです。ですから、これも覚える必要はありません。ポジション名は、いちおうの目安だと思ってください。何なら全部忘れても問題ありません。

じゃあ、どうしてポジション名があるのか。

幼稚園児に試合をさせると、だいたい「ニワトリのサッカー」になります。エサに群がるニワトリみたいに、皆がボールに群がっていく。つまり、幼稚園児のサッカーにはポジションがないわけです。しかし、年齢が上がってくるにつれてニワトリさんたちもバラけてきて、そのうちにポジションに分かれるようになります。そういうふうに教えられるということもあるでしょうが、そうしないと勝てないからです。だいたい、ずっとボールの後を追いかけていたら疲れちゃいますよね。効率化の結果が、ポジションを生み出しているわけです。

で、もっと効率よくプレーし、勝てるようにするために、ポジションをいじったり人数配分を変えたりします。それでいろいろなフォーメーションと呼ばれる代物ができてきた。ですから、DFが何人いて、MFに何人使って、という配置をみることで、どうやって試合に勝とうとしているかを読み取ることができます。

ただ、これも目安なんですね。サッカーはマスゲームではありません。そのときどきの状況に合わせて、ここにいたほうがいいと思う場所にいればいいだけです。むしろ観戦者にとって重要になるのは、ポジションよりもポジショニングです。どうして、あの選手はあそこらへんにいたのか。それを知ることで相当面白く見られるようになるはずです。

## Q&A 6

4－3－3とか
4－4－2とか、
あれはどういう意味があるの？
試合が始まったら
グチャグチャですよね。

**ANSWER**

電話番号と同じです。

「フォーメーションなんて、電話番号みたいなものだ」

ペップ・グアルディオラ監督もそう言っています。3―4―3でも4―3―3でも、試合が始まってしまえば、ご質問のとおりで選手の位置は変化します。それ自体に意味があるわけではありません。でも、必要なんですよ。電話番号を間違うと、間違ったところへかかっちゃいますよね。

昔、私が中学生のころ「今日はWMシステムだー」となったことがありまして、僕らは「何それ?」という状態でした。ただ、とりあえずそう決まったので、前のほうが「W」、後ろのほうが「M」の字になるように並んだわけです。で、試合が始まったら「おい、ちょっとそこ曲がってるぞ」みたいになりまして、おちおちプレーに集中できなかった。きれいにWMの形になるように頑張ったわけですが、もちろんそんなことに何の意味もないわけです。

フォーメーションは「記号」と考えてください。意味がないと書きましたが、実はそれなりの意味はあります。フォーメーションは戦術そのものではありませんが、戦術を表す形ではあります。

戦術とは、どうやってプレーするかをチームとして決めることです。味方の戦力と相手の戦力、そのときの状況によって、どうプレーするかを決めます。ゲームプランと呼ばれたりします。例えば、対戦相手は非常にテクニックがあるとしましょう。相対的にボールを持たれる試合が想定されます。普通にボールを奪おうとしても奪えません。そうすると、たとえ1人がかわされても2人目がカバーできるようにしておきたい。全体でいえばコンパクトにまとまっておきたい。そうしないと各個に撃破されてしまいますからね。で、そのコンパクトな塊をどこに置くか。より前方に置くか、それとも後方に置くか。前方に置けば、それだけ相手ゴールに近いところでボールを奪えますから、攻撃面でもやりやすくなります。しかし、ディフェンスの位置が高いので背後には大きなスペースがあり、ボールを奪い損ねると大きなピンチになるリスクがあります。一方、後方でコンパクトに守れば背後のスペースは少ないので守備のリスクは減りますが、相手ゴールまでが遠いので攻撃が難しくなります。

こうしたメリット、デメリットを勘案したうえで、最終的にどういうフォーメーションでいくかが決まります。なので、フォーメーションはそれまでの思考過程を具現化した形となります。

もちろん、その形は試合中に崩れていきます。しかし、その崩れ方は必ずしもグチャグチャではありません。見た目はそうでも、チームとしてはむしろグチャグチャではまずい。例えば、4―4―2と4―3―3では相手のCB（センターバック）がフリーでボールを持っているときに、どのポジションの選手がプレッシャーをかけるかが違います。4―4―2では、相手のCBに対して原則的にはFWが守備をします。しかし、4―3―3なら、相手が4バックの場合、中央にCBが2人いるのに対してFWは1人だけです。ですから、CBの1人がフリーになってしまったら、MFの1人が前に出て対応します。そのときの守備の位置どりは4―4―2も4―3―3も見た目同じになりますが、動きの機能性が違うわけです。

後方でパスを回すときに、DFの間にMFが下がってくることもあります。そういうときはSB（サイドバック）が上がっていて、下がったMFよりも前にいるので、フォーメーションは崩れています。ただ、これもパスを回しやすくするためにそうしていて、崩し方は規則的です。

つまり、4―3―3といっても、ずっとそのままでないことは選手間の了解事項なんです。MFが下がって、SBが上がればフォーメーションは3―4―3に変わっているのですが、誰もいちいち「3―4―3に変えるぞ」とは思っていません。そういう崩し方も4―3―3のうちなんですね。基本のフォーメーションがあって意図的にそれを崩す、そうすると相手も対応してフォーメーションが崩れる。で、どこが崩れてどこが攻撃しやすいのか、互いにそれを意識しながら試合をしています。なので、見た目はグチャグチャですが、選手たちの頭の中ではグチャグチャではない。将棋の駒も動かすうちに盤上はグチャグチャになっていきますが、それなりの定石があるのと同じです。

で、いろいろな変化をしたいときに、監督が選手にどうやって伝えるかというと、フォーメーションで伝えるのが一番早いんです。「4―3―3から3―5―2にするぞ」と監督が言えば、プロの選手はそれがどういう意味かすぐに理解できます。それが守備的な指示なのか攻撃的な指示なのか、なぜフォーメーションを変えるのか即時に理解します。市外局番が03なら、「東京へ電話する」と決まるようなものですかね。

逆に、それがなくて、「SBは10メートルポジションを上げて、MFは1人がディフェンスラインに入って相手のFWをマークして……」みたいな指示だったら混乱必至です。だいたい短い時間にグダグダ長い話はできません。伝達手段として、フォーメーションという「記号」は一番早くて確実に伝わるんです。

まとめると、フォーメーション自体に意味はない。しかし、フォーメーションには内包している意図があり、選手がそれを理解しているならば伝達手段としてフォーメーションは価値が高い。そんなところでしょうか。

Q&A 7

## FWが多かったら攻撃的で、DFが多かったら守備的なの？

**ANSWER**

あまり関係ないと思います。

例えば、フィールドプレーヤー10人のうち9人がFWだとしましょう。確かにこれは攻撃的な雰囲気が漂いますよ、メンバー表からはね。

では、それで普通のチームと試合をすると、たぶん守備ができないのでボールを奪えません。下手すると攻められっぱなしになります。そうなると攻撃が得意な選手を揃えていても攻撃できないので持ち味は出ません。攻撃的なメンバーでありながら、プレーは全然攻撃的にならないわけです。

上手くいってボールをキープして攻撃できたとしても、たぶんカウンターアタックされると弱いでしょう。DF2人のFW8人だったら、何とかなるかもしれませんが。DFが多ければ確実に守備的ですね。どうしたって攻撃的な試合はできません。ただ、DF9人でも強烈なFWが1人いれば、カウンター一発で勝てるかもしれません。

負けていると、どんどんFWの人数を増やす監督もいますが、FWが増えると前線が渋滞するだけという場合もあります。むしろMFを投入したほうがバランスがいいときもあります。

よくわからないうちに
点が入っているのですが、
どういうところを見ていたら
予測できますか？

**ANSWER**

ＧＫになったつもりで
見てはどうでしょうか。

よくわからないうちに点が入っているというのは、ゴールシーンを見逃しているということでしょうか。ゴールシーン見逃しは確かに残念ですね。たぶん、ちょっと目を離している隙に得点が決まってしまっている、それが何回もあると。

集中して試合を見ていれば、ゴールシーンを毎回見逃すということは通常起こらないと思います。ただ、我々取材している人間でもたまにあるんですよ。「あれ、入ったの？　誰が入れたの？？」みたいなのが。メモを書いている間に入っちゃうというケースです。たまにあります。また、ゴールシーンそのものは見ていても、ゴール前がごちゃごちゃしていて誰が入れたのかわからない、セットプレーに多いですね。

それもこれも予期していないから起こる。完全に予測はできないまでも、ゴールになりそうな「匂い」をかぎとることがゴールシーン見逃しを防ぐコツになります。

それには、ＧＫになったつもりで試合を見るといいかもしれません。ＧＫは常に心配しているわけですよ、ボールがハーフウェイラインを越えたあたりからは、いつシュートが飛んできてもいいように準備しています。ボールを持っている選手だけでなく、どの相手にパスが渡ったらシュートされそうか、どういう展開からシュートされそうかなど、予測をしまくるわけです。当然集中しますから、ゴールシーンを見逃す確率は減ると思うのですよ。だって、相手のシュートを見逃していたＧＫなんて聞いたことないですよね。

ＣＫやＦＫのときでも、ＧＫはあれこれ考えています。相手のどの選手が一番空中戦に強いか、二番目は誰か、そこに合わせてこないときはどういうパターンがあるか……プロのＧＫは全部頭に入っています。味方に指示を出しまくっていますよね。まあ、我々にはそこまで情報はないとしても、わざわざゴール前に出てくるＣＢあたりは空中戦に強そうだということぐらいは察しがつくというものです。

ＧＫになったつもりで試合を見ていれば、ゴールシーンを見逃すという事態はかなり回避できるのではないでしょうか。ただ、両方のＧＫになったつもりで見ていると、すっごく疲れちゃうかもしれないので、どっちかでいいかもしれません。

点差が開かないので
どちらが強いのか
よくわかりません。

**ANSWER**

実力差が結果に
反映されにくい
競技ですから。

サッカーは点差が開きにくいスポーツです。だいたい試合のスコアは2―1、1―0、1―1などが多くて、4点以上入る試合は少ない。9―0とか8―1なんて試合は珍しいですし、10点差以上に開くことはほとんどないです。昔は国際試合で「あえて二桁得点にはしない」のが礼儀だったという話も聞いたことがあります。

他の球技に比べると守備側に有利な性質を持っています。どんな素晴らしいゴールでも1点しか入りませんし、そもそもなかなか点が入らない。足でやっているからでしょうね。バスケットボールやハンドボールと比べると、サッカーはプレーが不正確です。ミスが多いので点がとれない。

基本的にあまり点差は開きません。ただ、だからといって実力差がないわけではなく、実力に差があっても点差として表れにくいだけです。逆に言えば、実力で劣っているチームでも勝つチャンスがあります。実力どおりの結果が出るとはかぎらず、結果の予想がつきにくい。なので、サッカーは昔から賭の対象として非常にいいスポーツでした。けっこうな割合で番狂わせが起こるので、射幸心が煽られるわけです。例えば、15―16シーズンのプレミアリーグでは岡崎慎司がプレーしているレスターが優勝しましたが、レスターに賭けていた人はかなり儲かったはずです。誰も優勝するとは思っていなかったはずなので。

「強い者が勝つのではなく、勝った者が強いのだ」

フランツ・ベッケンバウアーの言葉だそうですが、半分は本当です。強い者が常に勝つとはかぎらないのがサッカーです。ですから、半分は嘘です。「勝った者が強い」は言い過ぎで、むしろ「弱くても勝てる」だけなんですね。強い者が勝てないという不条理感、サッカーにはそれがつきまといます。そんなの嫌だ、非合理的でフェアではないという人もいるでしょう。ただ、実力差がそのまま点差に表れるような競技だったら、サッカーはここまで世界中に広まることはなかったかもしれません。

## 雨が降っても
## 雪が降っても
## 試合をやるのはなぜ？

**ANSWER**

そういうルールだからです。

サッカーは英国が発祥と言われています。少なくとも統一ルールで行われるようになったのは英国です。で、英国はよく雨が降ります。1日のうちに天気が変わるのは普通なんですね。なので、いちいち雨で中止にしているわけにもいかなかったのではないでしょうか。よくわかりませんが。

とりあえず、サッカーは雨でも雪でもやります。ただ、続行不可能と主審が判断すれば中止になります。雨の場合はフィールドが水没するぐらいでないとまず中止にはなりませんが、雷は落雷の危険があるので中断または中止になることがよくあります。雪も雨に比べれば中止中断の可能性は高いですね。

クロアチアのリーグ戦を見に行ったことが1度あるのですが、その試合が雪で中止になりました。リーグ史上初の雪による中止だったそうです。そんなに積もったわけでもないのですが、白のボールしか用意してなかったんですね。ボールが見にくいので中止になったようです。

ヘディングばかりしていたら
バカになるって本当？

ANSWER

本当らしいです。

これは昔からよく言われています。最近の研究でも、ヘディングをした直後の選手の記憶力は41～67パーセント低下するという結果が出ているそうです。1日経つと影響は消えるみたいですが、日常的にヘディングを繰り返している場合に長期的な影響がどう出るかははっきりわかっていません。米国では少年サッカーでヘディングを禁止しているとか。

しかし、ペレはヘディングの名手でしたが、まだバカにはなっていません。障害が出たという例もあることはありますが、あまり聞きませんね。バカになる前に寿命が尽きてしまっているのでしょうか。プロ選手で引退後に国会議員になった人も何人かいますし、今のところ大丈夫な気がします。最近はボールも軽くなっていますし。

そもそもバカはヘディングのせいじゃないでしょう。ヘディングしたからバカになったのではなくて、もともとバカである可能性が大きいと思いますよ。サッカーはけっこう頭（脳のほう）を使いますから賢くなるはずです。記憶力は能力の一部でしかありません。まあ、大学受験する人はヘディングを控えたほうがいいかもしれませんが。

# Step 2
## サッカーならではの光景

やっぱりオフサイドが
よくわかりません。

ANSWER

当然です。
皆よくわかっていません。

オフサイドの基本的な説明は省きます。「サッカー競技規則」（公益財団法人　日本サッカー協会）を参照してください。

わかりにくいのは、

①（オフサイドポジションにいる者が）プレーに干渉する

②相手競技者に干渉する

③その位置にいることによって利益を得る

この3つのどれかに該当すると主審が判断したときにオフサイドが適用されるという部分だと思います。

例えば、シュートに対してオフサイドポジションの選手がGKの視界を遮る行為をした、こういうケースはオフサイドになります。また、プレーにも相手競技者にも干渉していないけれども、シュートがポストに当たって跳ね返ってきたのを入れたりすると、「その位置にいることによって利益を得る」ということになりオフサイドと判定されます。まあ、その位置にいることで利益を得るからオフサイドなわけですが、このあたりはけっこう複雑な場合もあり、いずれも主審の判断で干渉したか、利益を得たかが決まるわけで、これはもうプレーしている選手もよくわからないことが多々あると思います。

あの、もうわからないでいいです。あんまり複雑なのは私も諦めています。スローで検証してはじめて「ああ、干渉しているといえば干渉しているのか」みたいなのは、もうわからんでいいと。主審にお任せします。

オフサイドルールが
なくなったら、
もっとわかりやすくなるのに。

ANSWER

わかりやすくなりますが、
つまらなくなると思います。

サッカーで唯一わかりにくいルールがオフサイドでしょう。これまでルール改正も何度か行われていて、オフサイドの基準は緩和されてきた歴史があります。ただ、なくなることはないと思います。つまらなくなっちゃうんですよ、プレーしていても見ていても。

70年代半ばに北米サッカーリーグというのがありまして、アメリカ合衆国とカナダでプロリーグを作っていました。ペレ、ベッケンバウアー、クライフといった当時のスーパースターもプレーしています。一時は話題性もあって盛況だったのですが、結局は消滅してしまって、現在のＭＳＬは新規に立ち上げたリーグです。北米リーグが衰退した原因の1つとして、あまりにアメリカナイズしすぎてしまったことがありました。その1つが、独自のオフサイドラインです。

ハーフウェイラインとゴールの中間ぐらいにラインを引いて、そこまではオフサイドが適用されないという独自ルールを採用していました。米国人はサッカーにあまり馴染みがないので、「オフサイドなんかなくていいんじゃやね?」という意見があったようです。オフサイドを緩和して、どんどん点が入ったほうが面白いという考え方ですね。

しかし、そうするとそのライン（35ヤードラインと呼んでいました）より前へ、DFは上がろうとしなくなります。だって、そこまではオフサイドが適用されないのだから、うっかり前に出てしまったら残っているFWがフリーになっちゃいますからね。そうすると全体が間延びしてしまって、攻撃も守備もかえって面白くなくなってしまう。大味な感じになってしまうんですね。

現在のオフサイドルールは1925年に改正されたもので、もう90年やっていますから、たぶんこの先もこのままなんじゃないでしょうか。

## プレーを止めてオフサイドのアピールをする選手がいるのはどうして？

**ANSWER**

プレーしながらアピールするのが難しいからではないでしょうか。

オフサイドをアピールしてプレーを止めたけれどもオフサイドとは判定されず、どフリーになった選手がシュートを決める……アピールするのはいいけど、プレーを止めないほうが良かったんじゃないの？　と思えるケースは確かにけっこうあります。

現在は、副審もすぐにオフサイド判定（フラッグを上げる）をしなくなり、その後の流れを見たうえで旗を上げるようになっているので、以前よりもアピールしてプレーを止めることは少なくなりました。以前は、オフサイドならすぐに副審の旗が上がるので、アピール↓旗が上がる（上がらない）で判断できたのですが、現在は副審を見てもオフサイドかどうかはすぐに判断できません。とりあえずプレーを続行するしかないわけです。

「プレーしながらアピール」は、合理的なようで実際にはあまり行われていません。まず、明らかにオフサイドとわかるような場面では、選手もプレーを止めます。万が一を考えればプレーを続行したほうがいいのですが、あまり無駄なことはやりたくないですからね。明らかにタッチラインを割っているのに、とりあえずドリブルする人はいますが、それを猛タックルで止めたりするとかえって揉めそうです。オフサイドが明白なら、アピールの必要すらない。

アピールが必要なのはオフサイドかどうか微妙なケースです。このぎりぎりのケースではアピールして守備を諦めるか、守備を続行してアピールしないかの二択になります。もうFWに裏へ抜け出されていて手遅れ、そういう場合はアピールするしかない。まだ追いかければ間に合いそうなら、全力で走ることになります。この場合はアピールする余裕がありません。周囲の選手はアピールできますが、一番ボールに近いところで守備をしている選手は無理です。ということでアピールしながら守備を続行というのは、ありそうで実際にはあまりないのでしょう。

引き分けでも
「勝ち点」が貰えるなら、
全員がゴール前で
守ればいいのに。

**ANSWER**

全員で守っても
たぶん失点します。

11人がペナルティーエリアの中に入って守ったとしても、おそらく90分間を無失点で切り抜けるのは無理です。過去にそれに近いことをやったチームもありますが、複数失点するのがオチのようです。逆に、全員で守るだけでは得点できませんから、1点でもとられたら引き分けはまず不可能になります。

CKやFKのときには、全員で守る状況はよくあります。それでもセットプレーから多くの得点が決まっていますよね。全員で守備をする必要はありますが、全員がゴール前に引いていても失点するときはしますし、むしろピンチを招きやすいでしょう。

## Q&A 16

### ゴールから遠ざかるのに<br>サイドから攻めたり、<br>後ろにパスを下げたり<br>するのはなぜ？

**ANSWER**

得点するため、
あるいはボールを
失わないためです。

70年代に最初の黄金時代を迎えたバイエルン・ミュンヘンのキャプテン、フランツ・ベッケンバウアーは、「なぜ中央からばかり攻撃するのか?」という質問に対して、「ゴールは中央にあるからだ」と答えています。

ベッケンバウアーに質問した記者は、「なぜ、サイド攻撃をしないのか?」と聞いたわけです。ドイツはいまでもそうですが、「攻撃はサイドから」という考え方がけっこう根強いみたいですね。で、ベッケンバウアーは「中央から攻めれば最短距離でしょ?」と反論している。ベッケンバウアーの答えは、この質問(なぜゴールから遠ざかるパスをするのか?)に近い。

確かにゴールは中央にあります。しかし、そこへ到達するのに距離的に最短であることがベストとはかぎらない。「急がば回れ」です。

一番近い道は、守備側も重点的に守っています。そこへ突っ込んでいっても防がれてしまう。そこで、いったんサイドへパスを出して、相手の守備を分散させる。ゴールのある中央からDFを引っぱり出すという狙いがサイド攻撃にはあります。

シュートという別の観点からみてもサイド攻撃は有効です。

最も簡単なシュートは、ゴールから転がってくるボールを正面からシュートすることです。ボールとゴールの両方を視野に収められるからです。次は、ゴールへ向かっていくボールをシュートする。三番目が、サイドからのパスをゴール正面でシュートする状況です。

しかし、チャンスメークの難易度では3つのケースが反対になります。ゴールから自分に向かってボールが転がってくるというケースはほとんどありません。GKがファンブル、相手のクリアミスぐらいでしょうか。ゴールへ向かっていくボールを追いかけてのシュートはかなりあります。ディフェンスラインの裏でパスを受けたり、ドリブル突破からのシュートがそうですね。これよりもチャンスメークが簡単なのがサイド攻撃です。サイドは中央に比べれば守備は手薄ですから、1人抜けばだいたいクロスボールを入れられます。そして、クロスボールをシュートする選手はゴールから至近距離になることが多く、シュートもほとんどダイレクトなのでGKにとって予測しにくい。

また、DFは横からのボールに対して、マークしている選手とボールを同時に見ることがほぼできません。いわゆる「ボールウォッチャー」になりやすく、マークが外れやすい。技術自体は横からのボールのコースを変えてシュートする難しさはありますが、チャンスメークはしやすいわけです。

中央突破とサイド攻撃のどちらが正解かは、いちがいには言えません。どんな選手がいるかによっても違います。ただ、サイド攻撃は中央に比べて攻めやすいということは言えるでしょう。ベッケンバウアーがプレーしていたころのバイエルンが中央攻撃に固執していたのは、FWにゲルト・ミュラーがいたからです。複数のDFに厳しくマークされていても、足下にパスを入れればシュートまで持っていける特殊な能力を持ったFWです。また、優秀なウイングプレーヤーがいないという事情もあったでしょう。なので、ベッケンバウアーの「ゴールは中央にあるから」は「ミュラーが中央にいるから」という意味だったのだと思います。

バックパスに関しては、それが直接ゴールに結びつくことはあまりないのですが、ボールを確保するという意味があります。ボールがなければシュートもできないわけで、前方にパスしてもボールを失う可能性が高いときには、いったん後ろへパスしてもボールを失わないほうがベターです。ボールを持っているかぎりは得点のチャンスはありますが、ボールがなければ何もできませんから。

ボールポゼッションという
数値が表示されるけど、
あれは何の意味があるの？

**ANSWER**

どれだけボールを
保持していたかの
数値です。

シュート数や
コーナーキック数が
出ているけど、
得点には関係ないよね。

**ANSWER**

関係ないです。

ボールのポゼッション（所有）はパーセンテージで表記されることが多いのですが、アメリカワールドカップのときは何分何秒という時間表記でした。現在は全体の何パーセントかという表記が一般的になっています。

意味はそのものずばりで、そのチームがどのぐらいの割合でボールを持っていたかです。60％以上だと、かなり一方的な展開が想像されます。70％になると、ほぼ1つのチームしかボールをプレーしていない印象ですね。ただし、ポゼッション率が勝敗に直結するとはかぎりません。リードしているチームは守備を固めることが多いので、最終的には勝ったほうのポゼッション率が50％以下になるのは珍しくないのです。また、最初からカウンター狙いのチームもポゼッション率はだいたい低くなります。

シュートを何本打ったから1点とか、ＣＫ10本で1点というルールにはなっていませんから、直接の関係はありません。最近では走行距離も示されるようになってきましたが、これもファンサービスであって勝敗には直接関係ありません。

# GKがドカーンと蹴って、ほとんど相手ボールになってるけど意味あるの？

**ANSWER**

ボールを自陣ゴールから遠ざける意味はあります。

ＧＫからのロングキックが味方のボールになる確率は、だいたい50パーセント以下だと思います。ＧＫのキックの質、前線のＦＷの空中戦の強さによって変わってきますが、１００パーセント近い数字には到底ならないでしょう。得点を狙う手段としては、ＧＫのロングキックはあまり効果的とはいえません。近くの味方にパスすれば、ほぼ１００パーセントつながりますから、攻撃の第一歩としてはこちらのほうが確実です。

ただ、ＧＫのロングキックは自陣ゴールからボールを遠ざけるという意味はあります。近くの味方にパスすると、そのパス自体は通りますが、そこでボールを奪われるとピンチに陥ってしまいます。遠くへ蹴っておけば、そこで相手ボールになったところで即ピンチにはなりにくい。攻撃面のメリットよりも、守備面でのリスクを軽減するためにロングキックを使っている場合が多いと考えられます。

## コーナーキックや
## フリーキックが
## チャンスと言われるのはなぜ？

**ANSWER**

キッカーに
邪魔が入らないからです。

ＦＫはその名のとおり、キッカーはフリーでボールを蹴ることができます。まあ、相手が壁を作ったりはしますが、それ以上の妨害はできません。ＣＫもフリーでキックできるという点では同じです。

フリーでキックできるということは、余裕がありますから正確なボールを蹴ることができます。ＦＫ、ＣＫからの得点はキッカーの質が7割ぐらいとも言われていて、例えば、ＣＫから直接得点するのは難しいですが、質のいいボールをゴール前に入れられるかどうかで得点の確率が違ってくる。ＦＫも直接狙いならもちろん、パスにする場合でもキックの質は大きく影響します。

ＦＫ、ＣＫを蹴る人はだいたい決まっています。チームで一番精度の高いキッカーが蹴ることが多い。そして、それにゴール前で合わせる選手も、普段は後方にいるセンターバックなどが相手ゴール前まで出て行きます。つまり、チームで最も精度の高いキッカーからのパスを、最も空中戦の強い選手に狙わせることができる。

当然、相手もそこは警戒してくるわけですが、攻撃側は味方が協力して空中戦に強い選手をフリーにするべく工夫します。予め計画したサインプレーが使えるのもＣＫ、ＦＫのアドバンテージですね。

攻撃の選手はゴールとか、
ゴールにつながるパスで
良し悪しがわかるし、
ＧＫもシュートを止めたか
どうかでわかるけど、
ＤＦとかＭＦの良し悪しが
よくわからない。

ANSWER

良いプレーをするか
どうかです。

攻撃の選手の良し悪しを得点やアシストでわかるとおっしゃっていますが、それで本当のところがわかりますかね。GKもシュートを止めていればいいというわけではありません。FWも守備をしますし、シュートやラストパス以外にもやるべきプレーはたくさんあります。GKも同様です。DF、MFも同じですべての選手の良し悪しは、良いプレーをしているかどうかです。何が良いプレーかはそのときどきで違います。つまり、試合がどうなっているかを理解できないと、良いプレーが何か、その選手が良い選手かどうかはわからないと思います。

ポジションごとに求められる資質というものはあります。それぞれのポジションをやるうえで、これだけは持っていてほしいという能力です。

FWの最優先事項は得点力です。なので、「ゴールとか、ゴールにつながるパス」で良し悪しはある程度判断できます。どんな方法でも、ボールをゴールの中へ入れるのが得点力ですから、足でも頭でもミドルでもこぼれ球でも何でもいいので、得点できる能力を持っていることが、FWにはまず求められます。

では、ご質問のDFとMFに求められる資質は何でしょうか。

MFに必要な才能は「アイデア」です。プロのスカウトがFWに「得点力」があるかないかを第一に見るように、MFには「アイデア」があるかどうかを見ます。アイデアとは判断力ですから、ゴールのように具体的には表れてきません。外面的に表れるのはボールコントロールと頭の動きぐらいでしょうか。

ボールコントロールが覚束なければ、どのポジションでも良いプレーはできませんが、MFはとくに重要です。ファーストタッチでどこにボールをコントロールしているかは1つの目安になりますね。相手から奪われない場所にコントロールできているか、次のプレーにスムーズにつなげられるコントロールかどうか。

頭の動きというのは、単純に頭部がプレー中によく動いているかどうかです。つまり、周囲の状況をどれぐらい頻繁に見ているか。良い判断、アイデアは、どれだけ周囲の情報を持っているかに左右されますから、周囲をよく見ている選手、頭が動いている選手は有望だろうということです。ただ、これらは外見上の特徴にすぎません。

本当にアイデアに優れている選手は、眼と足が直結しているタイプです。よく「考える」、「早く考える」などと言いますが、優れたMFは実際のところ考えていません。

考えていては遅すぎるのです。周囲を見て、その瞬間にはもう正解を叩き出している、求められるのはそういう能力です。車の運転と似ています。免許とりたてのドライバーはともかく、熟練のドライバーはいちいち考えて運転していません。道路状況や標識などを見て、瞬時にブレーキを踏んだり車線変更を行ったりしています。眼と動作が直結している状態です。

本能的にプレーするというのとは少し違います。運転するときにも道交法を守らなければなりませんよね。自分勝手な運転は危険で迷惑であるように、自分勝手なプレーヤーはMFには向きません。そこには確かに「考える」という過程があるわけです。ただ、それが考えているという意識なしにやれるスピードが必要なわけです。同時に、その判断の質が問題です。ある選手が正しい判断をするのに5秒かかるところを0・5秒で正解を出せるのが優れたMFですが、選手によっては5秒どころか1時間かけても正解にたどり着けないかもしれません。そこを0・5秒でやれる資質です。

DFに求められる資質は、CB（センターバック）とSB（サイドバック）で違います。

ＣＢはゴール前で相手のクロスボールなどをヘディングで弾き返す能力が求められるので、背の高さや体の強さが必要になります。身体能力と体格そのものが求められます。あとは「読み」ですね。相手が何をしてくるか予測する能力も問われます。それが優れていると、ポジショニングの良さとして表れてきます。

自陣ゴール前で相手のクロスボールをヘディングでクリアできていたり、シュートをブロックしたり、パスカットしていたり、そういうプレーができているＣＢは優れたＣＢといえるでしょう。攻撃の組み立てのところでミスをしない、しっかり味方にパスをつなぐことも重要です。

ＳＢに求められる資質はスピードです。これは各ポジションに求められる才能の中でも最も先天的なもので、筋繊維の割合である程度決まっています。速く動ける人は、ほぼ生まれつき速いのです。ただ、ＳＢは攻守に大きく速く動くことが要求されるので、１回のスプリントが速いだけでは使い物になりません。何度もスプリントを繰り返せる持久力が要求されます。サイドはスピード勝負になりやすいエリアです。そこで走り勝つ能力が求められています。

ただ、ここまで記してきたのはポジションごとに求められる資質にすぎません。こういう才能を持っている人が向いているというだけの話です。結局のところ、ポジションに関係なく良いプレーをしたかどうかが、良い選手かどうかを図るモノサシです。右にパスするのがいいか、それとも左か。タックルすべきタイミングにそうしているか、いるべきポジションまで走れているか。時間を稼ぐべき時間帯にそれができているか……。良いプレーかどうかは技術、体力、判断力を総合した評価になります。DFも良いパスをしたりシュートを決めたりしなければなりませんし、FWにも良い守備が求められる。良いプレーをしたかどうかがすべてです。

新聞や雑誌の
選手の採点表は、
どんなところを見て
つけているのですか？

ANSWER

人によって違います。

採点のやり方はとくに決まっていません。個人や会社の方針によってまちまちです。どっちみち採点者の主観なので、採点者のやりやすい方法でやっているようです。

私もたまに採点しますが、10点満点なら平均は5・5にしています。そこから良いプレーがあれば加点、悪ければ減点という方式です。ただ、勝敗によって多少基準点を変えています。例えばホームでの敗戦なら基準が5・0になったりします。1〜3点はまずつけません。9、10点もないです。なので、3・5〜8・5点の間ですね。8点以上はFWならハットトリックとか、よほどのことがないかぎりつけませんけど。1点はないけどゼロはあります。退場は基本的に0点にしています。チームへのマイナスが大きいですからね。まあ、残り時間5分以内の退場なら、それまでの採点にマイナス1ぐらいですが。

フランスの新聞の採点担当者を知っていますが、彼のやり方はすごくアバウトでした。メンバー用紙の裏にざっくりフォーメーションと名前を書いておいて、試合が終わったら点数を書くだけ。ちなみにフランスフットボールという有名な雑誌がありますが、1年に1回ぐらい5点満点なのになぜか6点がつきます。

カードを出す、
出さないの基準は？
選手が何か言った途端に
カードが出るけど、
どんなこと言ってるの？

**ANSWER**

基準はルールです。
選手が言っているのは
たぶん判定への文句だと
思います。

サッカーはルールに従って行われています。双方、ルールを完璧に守るならレフェリーはいりませんが、実際そうはいきません。そこで第三者であるレフェリーが、ルール違反があったかどうかを判断しています。選手がレフェリーに話しかけただけでカードが出ることはありません。ただし、判定への異議はイエローカード、レッドカードの対象とルールブックに明記されていますから、判定に文句を言えばカードが出るのは当たり前です。

選手がどんなことを言っているかはその場によって違いますが、「えー、ボールへのタックルじゃん」「ファウルじゃねーよ！」「ちゃんと見てよ！」みたいなことですかね。まあ、この程度ならたぶんカードは出ないとは思いますけど。異議というよりアピールとかボヤキと主審が判断すれば、ですけれどもね。しかし主審が判定への異議と解釈すれば即カードの対象になります。主審はルールに則ってカードを出さなければいけません。暴言ならレッドカードで退場処分になります。

ルール違反かどうかの判断は主審が行います。選手にも言い分はあるでしょうが、抗議は認められていません。

あんなに判定で揉めるなら、
審判の数を増やせば
いいんじゃないですか？

**ANSWER**

そうですね。
実際、増えてます。

UEFAチャンピオンズリーグでは、ゴールライン上に審判を配置しています。これで主審、副審（2人）、第四審判に2人の追加ですから、6人でジャッジしていることになります。UEFAは、ユーロ2016ではゴールラインテクノロジーを導入していました。FIFAはすでに2014年ブラジルワールドカップで採用していました。機械判定を行う場合はゴールラインの追加審判は必要ないので4人の審判団となります。いずれにしても、ゴール判定の精度を上げていこうというのが現在の流れでしょうか。

というのも、ゴール判定を正確に行うのは非常に難しいからです。得点はボールが完全にゴールラインを越えていなければならないルールですが、本当に越えていたのかどうかを見極める時間は一瞬です。有名なのは1966年イングランドワールドカップの決勝でイングランドのジュフ・ハーストが放ったシュートがバーに当たって落下、ボールはバウンドしてフィールド側に落ちていたのですが、イングランドの得点が認められました。これは西ドイツに対するイングランドの勝ち越し点でしたから、大揉めに揉めたわけです。西ドイツはノーゴールを証明する写真を提供してくれたら懸賞金を出すというキャンペーンも行いました。サッカー史上最大の疑惑のゴールと言われています。

ただ、こういう怪しいゴール判定は実は山ほどあります。昔も今も、正確なゴール判定を肉眼で行うのは無理なんですよ。近年それが問題視されて、追加審判や機械判定が採用されたのは、勝敗の重要度が昔よりも格段に上がっているからです。要はお金の問題と言っていいでしょう。ワールドカップやCLには莫大なお金が動いています。巨大ビジネスになっていますから、勝敗に直接影響するゴール判定がいい加減なことでは困るという声が出てくるのは必然ともいえるでしょう。

一方、ミスジャッジもサッカーのうち、という考えも根強くありました。もともと判定を第三者に委ねている以上、文句は言わないというのがサッカーの精神です。とはいえ、そう言ってもいられなくなったので、審判を増やすか機械判定を導入するかという選択になっているわけですね。

ゴール判定に関しては機械判定がベストだと思います。しかし、高額の機械をすべての試合に使うことはできません。ワールドカップから草サッカーまで、なるべく同じルール、同じ条件で行うのが正しいという考えを持っていたUEFAのミッシェル・プラティニ会長（当時）は、そのためにゴールラインテクノロジーを導入せず、追加審判のほうを選択しています。追加審判はPKかどうかのジャッジも行えるなど、ゴール判定以外にも主審を助けることができます。判定は機械ではなく、あくまで人間に任せようという考え方です。

判定で揉めるのは得点か否かだけではありません。得点に直接関係しなくても揉めることはあります。ですが、主審を2人にするという案はあまり検討されていないようです。何がファウルなのかはルールで決まっていますが、決めるのは「主審の判断」と明記されています。ジャッジの基準は主審によって微妙に違うので、2人で判定すると精度が上がるよりも基準がブレて混乱を招きやすいからでしょう。おそらくこれ以上、審判を増やすことはないと思います。あとは、オフサイドの判定に機械を導入するかどうか。

判定の精度を上げるために機械を導入したり、審判を増やしたりしているのが現在の流れなわけですが、ご質問のように「もめる」ことがその原因とも言えます。本当は、もめちゃいけないんですよ。判定精度が上がればもめ事が減るというのが、現在の解決方法になっていますが、そもそもサッカーはジャッジのミスを許容してきたスポーツのはずなんです。「もめる」こと自体が間違っているとも言える。まあ、このへんはバランスをどうとっていくかでしょう。あまりにも審判を尊重してしまうと、ジャッジの精度が上がらないままになるかもしれない。ミスジャッジをしても何の批判もされないのは問題がある。しかし、精度を上げることだけに集中すれば、やがて全部機械がやればいいというところに行き着くかもしれません。

ロスタイムは
誰が決めているのですか？
長かったり
短かったりしますが。

**ANSWER**

主審が決めています。

空費された時間は、アディショナルタイム（追加時間）として前後半それぞれに追加されます。どれだけ追加するかは主審の裁量になります。

かつてJリーグの試合でロスタイムが短すぎるのではないかと、清水エスパルスのエメルソン・レオン監督がクレームをつけたことがありました。記者会見でも文句を言っていたのですが、主審に対してレオン監督は「俺の時計はロービックスだぞ」と言い放ったそうです。「高い時計なんだから、あんたのより正確だぞ」というわけですね。もちろん、ローレックスでなくてもいまどき不正確な時計というのはないでしょうから、たんなる冗談だと思いますが。ともかく、どのぐらい時間を追加するかは主審の権限で、主審の時計が試合時間になります。

前後半が終わる1分前ぐらいには、第四審判がロスタイムを表示します。第四審判も時間を計っていますが、主審から「ロスタイム3分」とか合図が送られてくるので、それに合わせています。

試合前に
記念撮影しているの
はなぜ？

ANSWER

試合後では
いい写真にならない
からでしょう。

試合後に撮影すると、汗まみれで疲労困憊の選手たちの写真が撮れます。勝ったほうはいいですよ、皆ニコニコで嬉しそうに収まってくれるでしょう。でも、負けたほうの写真はかなり悲惨なものになりそうです。

試合によって先発メンバーが違いますし、誰かが100試合出場記念で表彰されるとか、子供と一緒に写りたいとか、同じような集合写真でも試合ごとに微妙に条件も変わりますから、プロの試合では毎試合写真は撮っていますね。

ボールがない
（テレビ画面に映っていない）
ところで、
選手は何をしているの？

ANSWER

次のプレーに備えています。

90分間で1人の選手がボールに触れる時間は平均5分以下だそうです。大半はボールがない状態です。じゃあ、何もしていないかといえばそうではありません。

次の展開を予想しながらポジションを修正しています。攻撃側のGKやCBはテレビの画面には映りません。しかし、そのときでも声を掛け合って、ボールを奪われた後の相手の攻撃に備えています。よく「リスク・マネージメント」と言うのですが、相手のFWが1人残っているなら、最低2人を残して相手のカウンターアタックへの備えをします。人数が足りなければ、声をかけて味方を下がらせたりもしています。

倒れて起き上がれなかった選手が、
点が入った途端に
駆け回るほど元気になるのは
どうしてなんでしょう？

ANSWER

痛いのを忘れているか、
実際には痛くなかったか
のどちらかです。

先日、バイクに乗っている時に事故に遭って、骨が飛び出すほどの重傷を負った友人がいました。脛の骨が皮を破って突き出ていたそうです。そのときに友人が思ったのは、

「あー、やっちゃったなー」

だったそうです。そこまでなると人間上手く出来ているもので、痛みは感じないらしいです。たぶん脳から痛みを感じさせない物質が分泌されているのでしょう。倒れて痛がっていた選手が、味方が得点した途端に元気になるのも、たぶん興奮して一時的に痛いのを忘れているのだと思います。

あとは痛がって倒れたけれども、本当はそんなに痛くなかったのかもしれません。相手のファウルをアピールするために痛がっていただけなので、演技が必要ないとわかった途端に演技をやめてしまったということです。

ところで、プレー中に選手が倒れた場合、審判は基本的に試合を止めることはしません。ただ、すぐに起き上がらないときにはプレーを止めることもあります。また、選手がボールをフィールドの外に出して止めてあげることもある。これはケースバイ

ケースです。接触して倒れたといっても、軽度の打撲から骨折などの重傷もある。わざと大げさに倒れてファウルをアピールしている可能性もありますし、たんなる痛がりかもしれません。接触の程度は審判が見ていますから、まずは審判の判断に任せればいいと思います。ただ、その選手が倒れていることで不利になりそうなチームは「止めろ」と言うでしょうし、逆にそれで有利になりそうなチームは「続けろ」と主張するでしょう。

選手が倒れたのでプレーを止めてみたら、実は大したことなかった。騙された。そういう場面もたまに見ることがあります。審判も人間ですから、「大したことなさそうだな」と思っていても、あんまり痛そうにされると心配になってしまいます。もし重傷なら、応急処置が大事ですからね。まあ、目安としては腰から上のケガなら止めたほうがいいと言われています。とくに頭部の負傷は人命にもかかわりますからね。足の場合は、とりあえず生命の危険はないでしょうから、即止めるという判断をしなくてもいい。これも場合によりますけどね。骨が飛び出していたら即止めましょう。

GKの足がつっている
ときがありますが、
そんなに走っていないので
ウソではないでしょか。

**ANSWER**

ウソの場合もある
と思いますが、
足がつるのは
不思議ではありません。

足がつる、痙攣を起こすのは、たくさん走らなくてもありえます。まず、GKは思いのほか動いていています。あるある試合では、FWのメッシとほとんど走行距離が変わらなかったなんてこともありました。あと、ジャンプはけっこう足にきます。GKはジャンプ系の動作が多いので、CK20本、クロスボール30本ぐらい食らうと足にダメージが出てきてもおかしくない。しかも急に最大限の負荷がかかったりします。緊張するとつりやすくなるかもしれませんし。

時間稼ぎのために、足がつったフリをするのはあるかもしれません。GKが倒れると、とりあえずプレーは中断しますから。しかし、ウソと決めつけることもできませんね。

ケガをした選手がいると、
相手チームが外にボールを
蹴り出していますが、
あれはルールで
決まっているのですか？

ANSWER

ルールでは決まっていません。

プレー中に選手が倒れる、攻撃中の相手チームの選手が気づいてボールをタッチラインの外へ出す。治療の機会を与えるためです。そうすると相手のスローインで再開されますが、そのときにはボールを出してくれたチームにボールを返すことが礼儀とされています。

これはルールで決まっているわけではなく、試合のマナーですね。Aチームの選手が倒れて味方がタッチアウトした場合は、Bチームのスローインで再開されます。このケースでもBチームがAチームにボールを渡すことがあります。ケガをさせてしまったために試合を中断させたので、もう一度攻撃から始めていいですよというわけです。さらに、Bチームから渡されたボールを「いやいや、そこまで気をつかわんでもいいよ」とばかりに、AチームがBチームのGKあたりにボールを蹴るということもあります。ここまでやると、見ているほうも何だかムズムズしてきますが。

ルールで決まっているのは、レフェリーの判断で試合を止めた場合です。この場合はレフェリーが手でボールを持って落とし、ボールが地面に触れた瞬間から再開となります。ドロップボールといいます。ところが、これもまた譲ることがあって、本来なら両チームでボールを奪い合うはずが、中断の原因となったほうがドロップボールを相手がとれるようにする。

ルールにはありませんが、こういう行為は良いことだと思います。ただ、それを悪用してケガのフリをして相手の攻撃を中断させる行為があるのも事実です。個人的には、腰から下のケガの場合はプレーを止めなくてもいいと思っています。明らかに骨折しているなど、重傷がはっきりしているならともかく、だいたい命に別状ないからです。ただし、頭部などのケガの場合は即中断したほうがいい。こちらは一刻を争う危険性がありますから。まあ、そういう場合はレフェリーが止めるので、基本的には止める必要はあまりないような気はします。

スタミナ切れやケガ以外で
選手を交代させる理由は
何ですか？

ANSWER

戦術的な理由です。

疲労や負傷以外の理由での選手交代には、戦術的な理由があります。リードされていて得点が必要なら、攻撃を強化できるような交代をしますし、リードしているなら守備固めのための交代がよく行われています。例えば、ハイクロスを放り込む攻撃に絞り込むなら、空中戦の強い選手を投入したりします。

# Step・3
# サッカー語の解釈

# 「コンパクトに」と言いながら、「ワイドに」と解説者が言ってるけど、どういうこと？

**ANSWER**

守備はコンパクト、攻撃はワイドが基本だからです。

「この部屋を私1人で守るのは難しいが、今座っているソファなら引退した私でも守れる」（ヨハン・クライフ）

守備のときはフィールドプレーヤー10人が、なるべく固まっていたほうが守りやすい。1人1人の守る範囲がそれだけ狭くなりますからね。だから、解説者は守備のときに「コンパクト」と言っているのでしょう。逆に攻撃するときは、コンパクトに守ろうとしている相手を広げたほうがスペースは広がって攻めやすいわけです。

ここまでは基本的な話。守備でコンパクト、攻撃でワイドと言っても、それぞれ程度というものがあります。

まず、守備でコンパクトと言いましても10人が団子みたいにくっついてもダメですよね。フィールドの大きさはそのままですから、人が固まってコンパクトになると、誰もいない場所が広がっちゃいます。ボールを奪いに行く人がいて、それをカバーする人は5～10メートルぐらい後方ですかね。それ以上開いてしまうと、カバーができなくなります。カバーする人がいれば、ボールを奪いに行った人が抜かれてしまっても、守ってくれる人がいる。最初の人が5～10メートル戻れば2対1で守ることもできます。逆に、30メートル四方に1人しかいない状態で守るとすると、ドリブルで抜かれたら30メートル追いかけ続けなければならない。体力的にけっこう大変です。クライフの言葉を借りれば、「部屋」を1人で守るのはしんどいわけです。

で、この5~10メートル間隔の防御ラインは3本が定番になっています。10人が横一列なら横幅は守れますが、その手前はガラ空きですしカバーもいない。5人ずつの2ラインならけっこう守れると思いますが、ラインを3本にしたほうが厚みが出ます。なので、サッカーのフォーメーションは4―3―3とか4―4―2、3―5―2のように3ラインが多くなっています。DFのライン、MFのライン、FWのラインと3本のラインの三重防御です。そのときにFWからDFまでの距離は、それぞれが5~10メートルなので合わせて10~20メートルになります。ただ、その距離で3ラインがまとまるまでにはそれなりの時間がかかるので、FW、MF、DFの間隔は15×2メートル(全体で30メートル)ぐらいが目安になっています。

だから解説者が「コンパクト」と言うときの基準は、だいたいFWからDFまでが30メートルなんです。

攻撃の基本である「ワイド」は、幅をとるということです。昔はよく「ウイングのシューズの裏は白くなければならない」と言われていました。サイドラインを踏むぐらい広がってポジションをとりなさいという意味です。そうすると、相手のDFも横に広がって攻めやすくなると。ただ、ゴールは中央にありますよね。守備側は守るべきゴールを中心に「コンパクト」になっていますから、当然サイドにはパスを通しやすい。けれども、中央には守備者がいっぱいいてゴールに近づきにくい。それではと、相手をひきつけて逆サイドへ展開するわけですが、再び中央を固められれば同じことの繰り返しです。

相手の守備から逃げてばかりでは、結局のところゴールへは近づけない。なので、相手の人数の多い場所にもパスをつないだり、ドリブルで食い込んだりする必要が出てきます。そのときに重要なのが「距離感」です。選手もよく「距離感」という言葉を使っています。なぜ「距離」ではなくて「距離感」なのかと言うと、厳密に何メートルとは言いにくいからです。すごく簡単な言い方をすると、相手が寄せてきたときにワンタッチでパスできる距離に味方がいるという感じでしょうか。ワンタッチで正確なパスを出せる距離というと、プロ選手でも20メートル以下でしょう。だいたい隣の選手との距離が10～15メートルぐらいが日本人の場合は「いい距離感」だと思います。チームによってはもっと近いときもあります。

テンポよくパスをつないで、奪いに来る相手をかわしてゴールへ近づくには「いい距離感」が必要です。ですから「ワイド」と言っても、選手間が離れすぎてしまうのは必ずしも良いわけではない。外へ開いている選手がいる一方で、ボール周辺には「いい距離感」で選手がいる、という状態が望ましいと考えられます。

## スペースとかゾーンって、どこのことを言ってるの？

**ANSWER**

**それは場合によりけりです。**

スペースとは「空間」ですから、空いている場所です。よく「スペースがない」と言われますが、厳密に言えばフィールド上に全く空間がないほど人間が埋め尽くしているわけではない。「スペースがない」は、余裕を持ってパスを受けられるほどの空間がないという意味で使われています。

ですから、パスを受ける人の技量によってスペースの有無は変わってきます。ある人には2メートル先に相手選手がいるだけで「スペースがない」と感じても、技量の優れている選手にとっては十分「スペースがある」ということになります。

スペースのあるなしは個々の技量やそのときの状況で変化するので、何メートル四方でスペースがあるというような話ではありません。

ゾーンも場所を表す言葉ですが、スペースよりも区分けされた場所を意味していて「地帯」「地区」と訳されています。

サッカーでは例えば、「アタッキング・ゾーン」といえば、フィールドを三分割したときに相手ゴール側の三分の一の区域を指します。

ゾーンディフェンスのゾーンは、具体的な場所を指しているのではなく、区分けされた地域を担当する守備方法のことです。相手選手をマークするマンツーマン方式ではなく、予め割り振られている場所を守り、そこへ入ってくる相手をマークします。

「プレスをかける」
というのは
どういうことをやるの？

**ANSWER**

ボールを持っている相手に
プレッシャーを
与えることです。

プレスとは圧力の意味です。「プレスをかける」は、普通の意味では服にアイロンをかけることです。報道に携わっている人のこともプレスと表現します。サッカーで使っている「プレス」とは正しくは「プレッシャー」なんです。本当は「プレッシャーをかける」または「プレッシャーを加える、与える」ですね。日本人は外来語を短縮するのが好きですから、プレッシャーをプレスに変えてしまったんでしょう。

ちなみにロベルト・カルロスという有名なブラジルの選手がいましたが、日本ではよく「ロベカル」と短縮されていました。外国で「ロベカル」と言ってもまず通じません。外国人も短縮はしますが、日本人とは短縮の仕方が違いますね。

ご質問の「プレスをかける」とは、ボールを持っている相手選手に対して守備者が距離を詰めていってプレッシャーを与えることです。ボールへのプレッシャーが増すと、ボールを持っている選手は余裕をなくしてミスをしたり、プレーする時間や方向が限定されて選択肢が限られていきます。つまり、攻撃側のミスを誘発したり、選択肢を限定して、ボールを奪いやすくするためにプレスをかけるわけです。

ただ、１人だけボール保持者にプレッシャーをかけても、周囲が連動しないと逆効果になりかねません。ボール保持者へ向かって勢いよく走っていけば、簡単にかわされてしまうかもしれません。

プレッシャーをかけると同時に、周囲の守備者もカバーリングポジションをとる、パスをカットできるように準備する必要があります。プレスをかけるだけでなく、それで守備側に有利な状況にしないと意味がない。ですから、「プレスをかける」は1人の選手の動きだけでなく、組織的にボールを奪いにいくという意味も含んでいます。

「球際に強い」とは、
どういう意味ですか？

ANSWER
ボールの奪い合いに
強いという意味です。

カウンターとは、
どういう攻撃のことですか？

ANSWER
逆襲です。

球際というのは、どちらのボールかはっきりしていない状態のルーズボール、あるいはボールを保持していても守備側が体を寄せているような状況を指します。ボールの奪い合いや、1対1の勝負をデュエルといったりします。ヨーロッパでは「ボールウィナー」と言って、球際の勝負に強い選手を称える言葉があります。

カウンターというのは逆襲のことです。相手が攻め込んでくる、ボールを奪う、相手が戻りきる前に素早く攻め込む。この逆襲攻撃がカウンターアタックです。自陣深くから長い距離を一気に攻め込むカウンターをロングカウンター、ハーフウェイラインあたりでボールを奪って素早く攻め込めばショートカウンターです。どちらも相手の守備が整う前に攻め込むので得点チャンスです。

ラインの上げ下げとか
コントロールとか言うけど、
そもそもラインって何？

**ANSWER**

「線」です。

「押し上げる」とは、
どういうこと？

**ANSWER**

ディフェンスラインを
前へ移動させることです。

ディフェンスラインと言うときの「ライン」は、DFを結んだ線のことです。実際に線はありませんが、スタンドから見ているとDFが線のように横並びになっているということです。

ただ、DFが常に横一線ということはなくて、どこかが後ろにいたり前に出ていたりするわけですが、DFのセットを称して「ライン」と呼んでいます。

同じように中盤のラインとか、フロントライン（FW）ということもありますが、一番使われているのはディフェンスラインですね。

ディフェンスラインを相手ゴールのほうへ移動させると、DFより前方の選手も前へ移動します。全体を相手ゴール方向へ移動することにもつながります。

ラインを押し上げておけば、その背後はオフサイドになって相手は使えませんから、より前方で攻守を行いやすくなります。

「裏」って、どこのこと？
「表」はあるの？

**ANSWER**

だいたいＤＦよりも
ゴール寄りの場所が「裏」。
「表」はあまり使いません。

スルーパスと
普通のパスの違いがわかりません。

**ANSWER**

ディフェンスラインの裏をつく
決定的なパスです。

サッカーで使う「裏」は、表裏の裏ではなくて、主に背後という意味です。英語ならビハインドで、バックではない。「ディフェンスラインの裏」という使い方をよくしています。これはラインの背後という意味で、位置的にはDFと攻めているゴールの間の空間になります。「ディフェンスラインの表」はほぼ使っていませんね。この場合は「手前」とは言っても「表」とは言いません。

スルーパスは英語ですが、英語圏で through pass という表現はあまり使われていない気がします。間を通っていくパスですから、相手のDFの間ということになるでしょうか。ただ、DFの間を通すというより、ディフェンスラインの裏へ出す低いパスを指すことが多いと思います。通れば決定的な場面になるパスですね。

パスはショートパス、ロングパス、クロスボールなど、さまざまな表現があります。ボールを味方につなぐプレーはすべて「パス」ですが、決定的なチャンスを演出するスルーパスはタイミングと球質が成否を左右します。

ペナルティーエリアの横のラインにDFがいるとして、そこからゴールまでの距離は約16メートルになります。ただしGKがいますから、スルーパスで狙えるのはせいぜい10メートルの深さということになります。そこへボールが蹴られてから味方が走るので(先に飛び出すとオフサイドになりやすい)、そんなに速いボールを出せません。味方が10メートル以内に追いつけるような速度のパスになります。まあ、これも状況によりけりですが、あんまり速いパスは味方がとれないか、GKのボールになりやすい。

タイミングも重要ですね。遅ければオフサイドになってしまいますし、早すぎると味方が遅れてしまう。感覚的にはディフェンスラインの裏にボールを「置く」ぐらいのパスになるでしょうか。

普通のパスよりも、出し手のセンスが必要になると思います。スルーパスの名手として思い浮かぶのはジーコですね。タイミング、コースとも完璧なパスを何度も通していました。長い距離のスルーパスだとルイ・コスタ、ミッシェル・プラティニが上手かったと思います。味方が裏へ飛び出した瞬間に、足下へスパッとパスを入れるのが上手かったのはカルロス・バルデラマです。ミカエル・ラウドルップは長いのも短いのも上手くて、この人が最高だったかもしれません。現役の選手なら、やっぱりメッシでしょうか。メスト・エジルもスルーパスのセンスがありますね。

## Q&A 41

「組織的なサッカー」と言いますが、
11 人でやっているのだから
組織的なのは当たり前で、
逆に組織的じゃないサッカー
なんてあるんでしょうか？

**ANSWER**

あるんじゃないでしょうか。

サッカーは1人ではできません。ルール上も最低8人いないと試合はできない。すごい個人技を持った選手が1人いて、その人がチームの全得点を叩き出すようなワンマンチームだったとしても、その人にパスをつないだり、相手からボールを奪ったりする選手がいるわけですから、やはり1人でサッカーはできません。

1人じゃなくてチームとしてプレーしている。「組織的」は英語なら「コレクティブ」で、「集合的、集団的」という意味です。サッカーは常に組織的であり、1人でやるものではないという点では、おっしゃるとおりです。

サッカーである以上は確かに組織的です。ですが、どの程度組織的かはチームによりけりなんですね。1人の選手がずっとドリブルするだけで、いっさいパスをしない攻撃ばかりだとしましょう。これでももしかしたら点はとれるかもしれませんが、組織的な攻撃とは言えません。これは極端な例ですけれども、あまりパスを使わない、集団的でない攻撃をするチームはけっこうあります。さすがにプロでは少ないですけどね。

守備でも、個々は頑張って守っていても、カバーリングなど全体でボールを奪おうという動きがないと、なかなか簡単には奪えないものです。

なので、テレビの解説者などが「組織的なサッカー」と言うのは、チーム全体の集団的な攻守がスムーズに行われているという意味です。

数的優位と言いますが、
それ以外に●●的優位とか
あるんでしょうか。

ANSWER

質的優位があります。

数的優位……これ我々もしょっちゅう使っている言葉ですが、よく考えるとヘンですよね。数的優位と言っても、たいがい1人多いだけです。「1人多い」と言えばいいのに、わざわざカッコつけて「数的優位」と言っているわけですから。

ほかには「質的優位」というのもあります。あまり使われませんが、こちらは1対1の状況で優位だという意味です。対面の相手より勝っているということ。ドリブルで抜く、巧みなボールコントロールでマークを外す、空中戦に勝つ、競り合いに勝つ、走り合いで速い……そうした優位性を表しています。

## 「戦術眼」が優れているとはどういう意味？

**ANSWER**

サッカーに関して「賢い」という意味ではないでしょうか。

サッカーは常に判断が要求されます。さらに判断の自由度が高い。まず、判断の基準になる選択肢をどれだけ持てるか。それには周囲の状況をどれだけ把握しているかがポイントになります。普通、選択肢が多い選手ほど正しい判断ができます。なので、周囲の状況を把握していること、周りをよく見ていることが第一。そこからいくつかのアイデアを思いつくのが第二、その中から良いものを選択するのが第三、実行が正しく行われること第四になります。すべてクリアすると判断の正しい、賢い、戦術眼の優れた選手という評価になります。

試合全体の流れを読む能力も戦術眼の一部になりますね。リードしているのか、されているのか、残り時間がどれぐらいあるのか、敵味方の疲労度、天候など、いろいろな要素から賢い選択ができるかどうか。

戦術眼の優れている選手は、だいたい俯瞰的な視野を持っています。自分の周辺だけでなく、フィールド全体を把握しています。フィールド上にいる自分を含めた22人の位置関係を理解しています。これは実際に見えているかどうかと同時に、見えていなくても「こうなっているだろう」という想像力の問題でもあります。選手の動き方にはセオリーがありますから、それが頭に入っている、感覚的にわかっているということです。

## Q&A 44

いい時間帯って、
どんな時間帯ですか？

**ANSWER**

原博実さんに聞いてください。

Ｊリーグ副理事長の原博実さんに聞いてください（笑）。ツイッターのアカウントが原博実@ iijikantai の人ですので。

いい時間帯は、原さんが解説しているときによく使っていたのですが、ロスタイムでも前半の途中でも、原さんが試合の流れからして「いい時間帯」だと判断されるなら、それが「いい時間帯」なのだと解釈しております。

まあ、試合終了間際に決勝点が入れば、相手は追いつく時間がないので紛れもなく「いい時間帯」の得点とはいえるでしょう。あとはケースバイケースでしょう。

決定力と得点力はどう違うの？

ANSWER

ほぼ同じでしょう。

「決定的チャンス」「決定機」とは？
サッカー以外では
あまり聞きませんが。

ANSWER

シュートが決まる確率が
高い場面です。

決定力のほうは決定的なチャンスを外さない、決勝点など試合を決める得点を決められるというニュアンスが入っていますかね。ほぼ違いはないと思います。

ＧＫとの1対1など、ゴールが期待できる状況を指して「決定的チャンス」「決定機」と呼んでいます。ＰＫの場合は決定的すぎて、あまり決定機とは言いませんが。

例えば、バスケットボールで「決定機」をあまり使わないのは、サッカーよりも攻撃が得点に結びつく確率がはるかに高いからでしょう。シュートに対してＧＫがいる競技では、決定機は使うみたいです。

得点が入らなかったのに
「いいシュートでしたね」
「いいプレーでしたね」
と解説者が言っているのは
どういうこと？

**ANSWER**

そういうことだと思います。

アポロが月面着陸に成功したころでしょうか、サッカー界に「宇宙開発」という言葉が流行りました。ゴールのはるか上空を飛び去って行くシュートのことです。なかなか夢のある言葉ですね。もちろん宇宙開発は「いいシュート」でも「いいプレー」でもありませんが。

ＧＫのファインプレーに防がれたシュート、枠をわずかに外れる、ポストやバーに当たるなど、もう少しでゴールだった惜しいシュートは、よく「いいシュートでしたね」と言われます。

もし、いかなる理由があるにせよ得点にならないシュートなど良いわけがない、というご意見ならば、サッカーに良いプレーはほとんどなくなります。結果に関わらず、良いシュート、良いパス、良いタックル、良いポジショニング、良いボールコントロール、良いフリーランニングなどは存在します。たとえそれが何かの成果に直結しなくてもです。

サッカーは過程を楽しむスポーツで、結果よりむしろ過程のほうが重要と言えるかもしれません。そもそも人生は結果ではありません。成功すべく頑張って成功できたのは運が良かった人です。運と人生をごっちゃにしてはいけません。デスティニーとライフは別物です。才能も条件もすべて持っていて、成功する前に人生が終わってしまう人がいます。すべて成し遂げたけれども、長く生きすぎたためにすべてを失う人もいます。それは運の問題です。運がすべてでは人生の意味がありません。結果ではなく、何をしたか、何をやろうとしたか、どう生きたかが人生です。良いプレーも、結果とは関係なく良いプレーなのです。

Wide ?   Compact ?

# Step 4
# 監督の力量

## やっぱり名選手が名監督になるの？

**ANSWER**

あんまり関係ないです。

「良い騎手であるために、前世が馬である必要はない」

イタリアの名監督、アリゴ・サッキの言葉です。サッキ監督はプロ選手の経験がなく、監督業を始める前の職業は靴のセールスマンでした。監督と選手では仕事の内容がかなり違いますから、選手として優秀でも名監督になれるとはかぎりません。

「名選手が名監督になることもあれば、そうでないこともある。無名の選手が名監督になることもあれば、そうでないこともある。関連性は認められないね」

こちらは現代の名監督の1人、ディディエ・デシャンの言葉です。彼は名選手でしたが、「関係ない」ときっぱり言っていました。

実際、名監督の中には名選手ではなかった人がたくさんいます。むしろ名選手が名監督になる例のほうが少ないでしょうね。やはり選手と監督では求められる能力が違う。たまたま2つとも持っていた人が名選手かつ名監督になるので、少なくて当然なのかもしれません。

なんでサッカーの監督は
ユニフォームを
着ないのですか？

**ANSWER**

作っていないのだと思います。

Jリーグだと、練習着を着ている監督はけっこういます。寒いときはジャージとか。ただ、選手と同じように背番号つきのユニフォームを着ている監督は確かにいませんね。野球だと、むしろ着ているのが普通ですが。理由はよくわからないのですが、たぶん監督のユニフォームを作っていないんだと思います。

記者会見がテレビに映るときにはスーツを着ている監督も多いですね。監督がユニフォームを着ていてもいいと思いますけど、テクニカルエリアに出るなら選手と見分けがつくように何かを着ないといけないでしょうから、あんまり意味ないかもしれません。

試合中に監督がやることって、
何かあるんですか？

ANSWER

あまりないです。

試合が始まってしまえば、監督にはあまりやることがありません。3人の枠がある選手交代をどうするか、ハーフタイムにどういう指示をするかぐらいですね。テクニカルエリアでずっと指示を出し続けている監督もいますが、満員のスタジアムではほとんど聞こえていないでしょう。選手同士10メートルぐらい離れていても、よく聞こえないそうですから。せいぜいタッチラインに近い選手に伝わるぐらいですね。監督のストレス発散みたいなものです。

サッカーの場合、セットプレーぐらいしか監督からサインが出ることもありません。FKやCKも前もってやり方を決めていることがほとんどなので、試合が始まった時点で監督の仕事は限られています。試合が始まる前までに、大部分の仕事は終わっています。

# いい選手を集めたら勝てるの？

**ANSWER**

だいたい勝てます。

悪い選手を集めて勝つのは難しいです。ただ、いい選手といっても、例えばFWばかり集めても勝てないでしょうし、いくら優れていてもGKが11人ではたぶん負けます。

「いい選手」をどう定義するかによりますね。強いチームには良いGK、DF、MF、FWがそれぞれ必要でしょう。それぞれのポジションに要求される資質は違いますから、「いい選手」と言っても全部同じではない。空中戦に強い選手、スピードのある選手、パスワークの上手い選手、得点力のある選手など、ポジションによって「いい選手」は違ってきます。チームを構成するうえで、必要な能力を持った選手がそれぞれ「いい選手」ということになります。

つまり、いいチームを構成させうる、いい選手が揃っていれば強いチームになりやすく、勝ちやすくなる。ただ、どういうチームがいいチームと考えるかによっても変わってきますから、「いい選手を集める」というより「いいチームであれば」勝てると言ったほうが正確でしょう。

いい監督のいる
選手がダメなチームと、
監督がダメで
選手の能力が高いチーム。
どちらが強いのでしょう？

**ANSWER**

断然、後者だと思います。

監督はプレーできません。選手がダメなら勝てませんよ。

優秀な監督が指揮を執ると、それまで弱かったチームが勝てるようになったりします。逆に、良い選手が揃っているのに監督がダメで実力を発揮できないケースもあります。選手の能力に大差がないなら、監督のいいほうが勝つ可能性はあります。ただし、監督ができるのはチームの能力を引き出すところまでです。どんなに優秀な監督でも、それ以上のことはできません。良い監督は、選手の持っている能力を引き出せる、選手をダメでなくすることができるから優秀なんで、魔法使いではありません。1のものが2になることはあっても、１００にはならない。もともと１００の能力を持った選手がダメな監督の下で70しか力を出せなかったとしても、力の差がそれだけあったら逆転は無理です。

## 数試合で監督が交代することがありますが、すぐに効果は出るもの？

**ANSWER**

効果はありますが、
長続きはしません。

就任して5試合で解任、次の監督も7試合で交代……こういうのを監督メリーゴーランドと言います。極めて短期間で監督のクビをすげ替えるチームは、まず末期的な状態と考えていいでしょう。もともとチーム状態が思わしくないから監督を代えている。そこへ持って来て、ころころ監督を代えるようではチーム作りに一貫性がなくなります。

一種のショック療法的な効果が表れる場合もありますが、それも長くは続きません。根本的に改善しなければならないので、それなりの時間はかかると考えたほうがいいでしょう。

日本には外国人の監督が
多いのはなぜですか？

ANSWER

いい監督が多いと
思われているからでしょう。

プロチームが求めているのは、基本的に「勝てる監督」です。では、どういう監督だと勝てるのか。いろいろ判断の仕方はあると思いますが、おそらく最初にチェックするのは実績でしょう。

以前にどんなチームを率いていて、どんな実績があるのか。日本代表監督を選ぶなら、試合はすべて国際試合です。ワールドカップ予選や本大会で指揮を執った経験のある監督から人選を進めていくと思います。代表監督の経験がない場合はクラブチームでの実績になりますが、UEFAチャンピオンズリーグなどレベルの高い大会に出場しているチームの監督経験があるならば、ワールドカップ本大会並と認められるようです。実際にはクラブと代表の監督はかなり違うんですけどね。

Jリーグの場合も、やはり実績のある監督は就職に有利です。Jリーグで実績のある人は信用されますが、それより大きい舞台での実績があればより信用されがちです。これも、例えばヨーロッパで大きなクラブを率いた実績があるからJでも成功できるかというと、実際には違うと思いますけどね。でも、そんなもんです。

要は、監督は良いかどうかだけが主な判断基準であり、日本人か外国人かという区別はサッカーの場合はほとんどありません。外国人監督のほうが費用はかかりますけどね、通訳をつけないといけませんし。それでもブランド志向と言いますか、外国人のほうがサッカーの歴史のある、根づいている国で育ったという点で、日本人監督より良いと思われているところはあります。

日本人でも外国人でも、すべてが良い悪いということはありません。チームの事情にあっているかどうかによって、力を発揮できたりできなかったりするのも同じ。Jリーグにはそれほど外国人監督はいません。

プレミアリーグなどは、選手の多くは外国人ですし、強豪クラブはほとんど外国人監督です。モウリーニョ（マンチェスター・ユナイテッド）、グアルディオラ（マンチェスター・シティ）、ヴェンゲル（アーセナル）、クロップ（リバプール）、コンテ（チェルシー）は、すべて英国人ではありません。サッカーの母国であるイングランドなのに、自国の監督より外国人を信用しているわけです。能力と実績がすべて、その点はシビアです。

むしろJリーグはコネ人事のほうが多い印象で、もっと勝負にシビアになって資金も入ってくるようになると、おそらく半分ぐらいが外国人監督になるような気がします。外国人監督と日本人監督では分母が違いますから、当然より実績のある監督を探せば外国人のほうが有利になるわけです。

# 代表監督はどういう基準で、誰が決めているの？

**ANSWER**

基準はそのときで
変わりますが、
実質的に決めているのは
技術委員長です。

代表監督の推薦と交渉を担当するのは、日本サッカー協会の技術委員会です。最終的な決定は会長が行いますが、実質的には技術部門の長である技術委員長が決めているといっていいでしょう。

選出基準は、前の質問への回答と重なりますが、チームを勝たせてくれる監督になります。現在はワールドカップ予選の突破、そして本大会でベスト16といったところが監督への期待になりますから、それを実現したことがある人か、実現する能力があると認められる人を選出、交渉して、受けてくれそうな人を技術委員会が推挙します。

ハリルホジッチ監督は2014年ワールドカップでアルジェリアをベスト16に導いた実績がありました。その前のアギーレ監督は、メキシコ代表監督として2010年ワールドカップでやはりベスト16に進出しています。ザッケローニ監督は代表を率いた経験はありませんが、イタリアの名門クラブ（ミラン、インテル、ユベントス）を率いた経験があり、ミランではリーグ優勝しています。いずれもベテランの経験豊富な監督で、手堅い人選だと思います。

10

# Step・5
# 日本のサッカー、世界のサッカー

試合に出場できる
機会が減るのに、
それでも海外のクラブへ
移籍するのは
どうしてだと思いますか？

**ANSWER**

給料を多く貰えるからです。
そうでなければ
修行のためです。

サッカー選手は個人事業主です。より良い条件を提示されれば移籍したくなります。ヨーロッパの1部リーグのクラブなら、だいたいＪ１よりも給料は高くなります。出場機会については、予め「減る」とわかっている場合もありますが、出場できるかどうかは行ってみないとわからないケースがほとんどでしょう。主力として迎え入れられるのか、バックアップ要員なのか、それが最初から決まっている場合のほうが少ないと思います。

当たり前の話ですが、プロ選手は仕事でサッカーをやっています。ですから、より多く稼げるチームに行きます。一流の選手が中国や中東へ移籍することが増えてきましたが、これも給料がいいからです。南米の選手などは割り切っていて、リーグのランクが下がっても給料が上がるなら移籍するケースが多いと思います。

ただ、若い選手の場合は給料がいいからといって安易に移籍するのはどうかとは思いますけどね。出場機会がないと選手としての価値が下がります。コンディションも維持できなくなるでしょうしストレスも溜まります。トータルで考えると金銭面でも移籍しないほうが良かったということにもなりかねませんから。

雇用条件がそう変わらないのに、場合によっては給料を下げてまで日本の若手選手が海外へ移籍するのは、武者修行ですね。経験を積んで実力を上げたい、あるいはヨーロッパの市場に入ることでステップアップしやすくなるというチャレンジです。ヨーロッパのクラブからみると、Jリーグでの活躍はあまり参考になりません。しかし、ヨーロッパのリーグ戦で活躍すると話は違います。下部リーグでも活躍していれば、Jでの実績より評価されます。オランダの2部リーグで活躍して、オランダ2部→ロシア1部→イタリア1部（ミラン）とステップアップしていった本田圭佑の例が典型でしょう。まずは、ヨーロッパのリーグに所属するほうがステップアップにつながるチャンスが大きいわけです。

しかし、外国へ移籍して活躍するのは容易ではないと思います。言葉や習慣など、乗り越えなければならない壁がありますからね。それらにチャレンジすること自体が選手個人の成長につながりますから良い経験にはなるでしょう。

ただ、やはりプロですから基本的には試合に出場できなければ意味がないと思います。だからといって、あまりにも弱いクラブへ移籍するのもどうかとも。

ジネディーヌ・ジダンはフランスのボルドーで活躍して、いくつものビッグクラブからオファーが来ました。最終的に選んだのはイタリアのユベントスです。当時はヨーロッパ最強クラスのチームですね。金銭的にはもっと良い条件のオファーもあったそうですが、あえてユベントスを選択したのは強いチームだからです。

ジダンが憧れていたエンツォ・フランチェスコリは、ジダンとは逆に弱いチームへ移籍しています。マルセイユからイタリアのカリアリ、トリノへ移籍しました。素晴らしい技術を持った選手でしたが、チームが弱すぎて十分な活躍ができず、アルゼンチンのリーベルへ戻ってからキャリアのピークを迎えています。つまり、フランチェスコリはイタリアで無駄な時間を過ごしてしまったわけです。強いチームへ移籍すると、出場できないかもしれないリスクはあります。ジダンも当時はレギュラーになれるかどうかは確定的ではありませんでした。それでも自分に自信があるのなら、より強いチームに入ってチームとともにキャリアアップしていくのが最善です。

要は、実力に見合った中で最も強いチーム、あるいは成長が期待できるチームへ移籍することが、海外にかぎらず移籍では重要だということではないでしょうか。

選手個人でそれを判断するのは難しいでしょうから、仲介人の見識が問われるところですね。ただ高く売れればいい、海外ならどこでもいいという仕事のやり方では、選手の将来を潰してしまうことになります。

あんまり活躍していない
海外の選手を呼ぶなら、
国内でたくさん点をとっている人
を代表に呼べばいいのに、
どうしていつも
海外の選手ばかりなのですか？

**ANSWER**

能力が高いからです。

ＦＷについての質問だと思いますが、例えば岡崎慎司（レスター）よりも得点の多い大久保嘉人をなぜ招集しないのか、ということでしょうか。

正直、大久保は招集していいと思います。ただ、年齢的なことを考えて躊躇しているのでしょう。ただ、ヨーロッパの１部リーグでプレーしているＦＷはＪリーグのＦＷよりも、基本的に能力は上です。プレミアリーグで得点するのは、Ｊリーグで得点するより難しい。リーグのレベルが高いからです。単純に得点数では比較できません。

しかし、ご質問のように「あんまり活躍していない」場合は代表には選びにくいですし、実際選ばれていないのではないでしょうか。試合に出ていない選手はコンディションがわかりにくいですからね。本田圭佑ぐらい代表での実績があれば、ミランでベンチでも招集されますけど。それでも試合に出場できない状態が何カ月も続くようなら、招集されなくなるかもしれません。

要は、Ｊリーグとヨーロッパの上位リーグではレベルが違う。さらに代表は国際戦なので外国のチームと対戦します。そのときに外国人の中でプレーしている選手は、それだけ経験も積めているので信用できます。Ｊリーグでプレーしている選手は、外国のクラブからオファーのない人です。もちろんすべてがそうではないですが、より給料も高く、リーグ戦のレベルも高いところからオファーがあれば、野心のある選手はだいたい移籍するでしょう。国内にいるということはオファーがない、そこまで能力を認められていないからです。その選手の考え方、年齢、違約金の額にもよりますから一概には言えませんが、国外へ移籍している選手は、それだけ能力が認められているわけです。

プロ野球は推定年俸が発表されるけど、Jリーガーはいくらぐらい貰っているの？

**ANSWER**

ピンキリです。

「移籍金何十億円」というニュースが出ていたりしますが、海外のクラブはそんなにお金があるの？　元がとれるの？　そもそも「移籍金」て何？

**ANSWER**

①ビッグクラブはお金あります。
②元はとれたりとれなかったり。
③契約破棄にかかるお金です。

野球に比べると、日本ではサッカー選手の年俸があまり話題になりません。ヨーロッパでは、よく高額年俸が話題になっていますが最近のJリーグではないですね。最初のころはあったんですよ。4コマ漫画なんですけど、監督が三浦知良に「今年は何得点が目標なんだ?」と聞くと、カズが「1億点!!」と答えるという(笑)。当時、カズの年俸が1億円の大台に乗るんじゃないかということで話題になっていたんですね。最近はJリーガーの年俸なんて、ほとんど話題になりません。野球に比べると大したことないので、ニュースにならないのでしょう。

イングランドは昔から「週給制」で、給料が高いのに活躍できない選手に対しては、「週給●●ポンド!」とスタジアムで野次られたそうです。今では週給とは思えないほどの高額選手ばかりですから、そんな野次もなくなったようですが。スポーツ選手の給料は、高ければ話題になりますが、そうでもなければ話題になりません。夢がないですからね。日本ではたまに低すぎて話題になることはありますが。

一番貰っている人でも1億6000万円という程度です。平均で2000万円ぐらい。低い選手はサラリーマンより少ない。リオネル・メッシは35億円といわれていますから、もう桁が違います。広告収入などを含めると100億円近い。それぐらいなら話題になると思います。

では、海外クラブにお金があるのかという質問ですが、あるところにはあります。監査法人デロイトが毎年発表しているサッカークラブの長者番付によると、14―15シーズンの売り上げ第一はレアル・マドリーで約790億円です。ヨーロッパ20位のウエストハムでも220億円。Jリーグで売り上げトップの浦和レッズでも60億円ぐらいですから、かなり資金がありますね。

大金を払って獲得した選手が活躍すれば元はとれると思いますが、負傷や不調で全然活躍しないこともあります。大物だと獲得に50～100億円かかりますが、期待外れはそれなりにあります。このへんはギャンブルです。

移籍金とは、移籍に際して移籍先のクラブが移籍元へ払うお金のことです。契約期間内での移籍には、契約に対する違約金が発生します。なので正確には移籍金というより違約金ですね。以前はクラブが保有権を持っていたので、それに対する買い取り金額でしたが、現在はクラブの保有権が認められておらず、契約が切れていれば違約金はかかりません。

Q&A 60

Jリーグは春に始まって
秋に終わりますが、
ヨーロッパと逆なのは
なぜですか？

ANSWER

習慣だと思います。

Jリーグが始まるころ、開幕をいつにするのか議論がありました。それ以前の日本リーグ時代には、ヨーロッパと同じく秋に開幕したシーズンもあったんです。結局、「桜の咲く季節」とか何とかいう理由で、春開幕になった記憶があります。

春夏秋冬のうち、春と秋がサッカーをやるのに適しているのは日本もヨーロッパも共通です。ただ、春と秋だけでは試合を消化できませんから、夏か冬かという選択になります。日本は夏を選び、ヨーロッパは冬という違いになっています。南米はタイミング的にはヨーロッパと同じですが、南半球で季節が逆なので暑い時分に試合をやっていることになります。

気温との関係で考えると、実は合理性がありません。日本の夏は蒸し暑くて、とてもサッカーをやるのに向いていません。学生の大会などは、ずっと昼間に連戦をやっていますけれども正気の沙汰ではありませんね。一方、ヨーロッパの冬は非常に厳しくて、こちらもあまり向いているとは思えません。夏の昼間は気温が上がりますが日本ほど蒸し暑くはなく、ナイトゲームなら快適でしょう。日本の冬も積雪の問題を除けばプレーに支障が出るほど寒くはない。普通に考えれば日本は冬、ヨーロッパは夏に試合をやったほうがいいはずです。

しかし、実際にはそうなっていない。これは習慣なんでしょう。日本では学校の入学式は「桜の咲く季節」ですよね。4月スタートという習慣がある。一方、ヨーロッパの入学時期は9月です。日本が開幕を春にしたように、ヨーロッパは秋にスタートするほうがしっくりするんでしょう。また、夏はバカンスのシーズンです。サッカー選手も皆と同じように休みたいのかもしれません。

ただ、現在はどこも日程が過密化していて、本来は春に始まるJリーグは実質的に冬にスタートしていますし、ヨーロッパも秋ではなく夏に始まっています。

ホームとアウェーで
そんなに違いがあるものなの？
国際試合はともかく国内で。

**ANSWER**

程度はともかく
違いはあるみたいです。

Jリーグでもホームとアウェーでは、だいたいホームの成績がいい。アウェーと言っても国内ですから気候はそんなに変わりません。移動時間も長くて6時間ぐらいでしょう。ホームとアウェーの差は、たぶん「慣れ」の差だと思います。

年間40試合あるとして、半分の20試合はホームゲームです。残りの20試合がアウェーになるわけですが、会場は20カ所バラバラです。つまり、年間20試合やるスタジアムと年間1試合しかやらないスタジアムでは、自ずと慣れに違いが出てくる。芝生の長さや質、陸上トラックの有無など全体の雰囲気、微妙なところで慣れの差はあると思います。新しいスタジアムを建てると、最初のうちホームチームがなかなか勝てないのは、ホーム側に慣れのアドバンテージがないからでしょう。

あとはホームでは観客の声援もあります。ファンの声援が背中を押してくれる、頑張れるという話は選手からよく聞きます。

ホームとアウェーで大差はないにしても、小さな差が勝敗を分けることはある。実際の戦績にも表れているので、けっこうバカにならないのではないでしょうか。

野球や相撲は
ラジオ中継があるのに、
サッカーに
ラジオ中継がないのはどうして？

ANSWER

日本にはそういう文化が
ないからでしょう。

サッカー中継といえばテレビ。ラジオの中継はあまりない。ただ、国によっては現在でもラジオ中継をやっています。

中継メディアとして先に普及したのはラジオでした。その時期、日本で盛んだったのは野球と相撲です。野球や相撲には、ラジオで実況中継を聞くという習慣がそのころに出来上がった。一方、ヨーロッパや南米のメジャースポーツはサッカーですから、そうした国ではサッカーをラジオで聞く習慣があります。

テレビがメインの時代になっても、例えばイングランドの実況にはラジオ時代の影響が感じられます。実況の口調がラジオっぽいんです。日本の野球中継で言えば、「ライト、バック。ライト、バック。入った！　満塁ホームラーン!!」みたいなリズムが、英国の実況にはいまだに残っている。ボールを持った選手の名前を次々に言うのも、ラジオ中継のスタイルですね。日本はテレビの時代にサッカーが普及したので、実況もテレビ用な感じがします。

ヨーロッパのファンに聞くと、ラジオ時代のサッカー選手はとんでもない超人に思えたそうです。選手の特徴を説明するためにニックネームがつけられていて、「黄金の矢」「鉄の男」「紙男」「魔術師」など、プロレスラーみたいなニックネームがあった。映像がないぶん、想像力がかき立てられるわけです。現在でも、スタジアムで観戦しているのにラジオも聞いているというファンはけっこういます。ライバルチームの他の試合の中継を聞いているケースもあります。

オリンピックは
どうして23歳以下
なんですか？

ANSWER

ＦＩＦＡとＩＯＣによる
妥協の産物です。

五輪でサッカーが正式種目になったのは１９０８年のロンドン大会でした。それに先立つ１９０４年にＦＩＦＡが創立されています。そして１９３０年にワールドカップが開催されます。ワールドカップはプロアマを問わず参加できますが、当時の五輪はアマチュア以外の参加を認めていませんでした。アマチュア至上主義のＩＯＣとプロ容認のＦＩＦＡは最初から対立関係にあったといえます。

プロを含めて世界一を決めるワールドカップを開催したＦＩＦＡにとって、アマチュア世界一を決めるだけの五輪はあまり重要度の高い大会ではありませんでした。プロ選手にとっても、五輪は出場資格がないのですから興味がない。プロ契約前のアマチュア選手が出場するだけの大会にすぎなかった。

１９５２年にハンガリーが優勝して以来、１９８０年のチェコスロバキア優勝まで、五輪は東側陣営の国ばかりが金メダルを獲得しています。まだ東西冷戦の時代ですね。東側にはステート・アマと呼ばれる選手がいました。実質はプロなのですが、東側諸国ではプロ選手を認めていなかったので立場上はアマチュアでした。五輪サッカーでは最強チームを編成できる東側諸国が優勢だったのです。ワールドカップは西、五輪は東という時代でした。

IOCは1984年のロサンゼルス五輪からプロサッカー選手の参加を認めます。人気競技のサッカーで観客動員したかったからです。しかし、FIFAとしては世界一を決めるワールドカップの権威を守るため、ワールドカップ本大会と予選に出場したプロ選手（UEFAとCONMEBOL＝南米サッカー連盟に限る）のロサンゼルス五輪への参加を認めませんでした。

ワールドカップの権威を守りたいFIFAと、集客力を上げたいIOCのせめぎ合いが続く中で、妥協の産物として出てきたアイデアが1992年バルセロナ五輪から採用される23歳以下代表でした。

FIFAは年代別の世界大会を開催してきました。そこでU－20の上の、U－23という新しいカテゴリーの世界大会として五輪を位置づけます。年齢制限つきとはいえ、いちおうプロ選手が参加できるのでIOCも妥協したわけです。しかし、バルセロナ五輪の集客力がイマイチだったため、IOCはやっぱりA代表を参加させてほしいとFIFAに要請。しかしFIFAが受け入れるはずもなく、今度は24歳以上の選手（オーバーエイジ）を3人まで出場可という新たな妥協案で決着、今日に至っています。

日本は弱いの？

**ANSWER**

アジアでは強く、
ワールドカップでは
弱いほうでしょう。

日本代表はアジアの強豪チームです。アジアカップ優勝回数も4回で最多です。アジアの中では間違いなく強い立場です。

しかし、ワールドカップとなるとまだ弱いほうに入ります。とはいえ、2002年と2010年はベスト16ですから、強くも弱くもないという位置でした。2006、2014年はグループリーグ敗退なので弱いほうに入ります。いずれにしても、ワールドカップの舞台に関しては強いとはいえないでしょうね。

フィジカルの差とか
言われるけど、
小さい選手も活躍しているから
関係ないのでは？

ANSWER

あんまり関係ない
かもしれません。

歴代のスーパースターはだいたい身長170センチ前後で、180センチを超える人は少ない。ペレ、フェレンツ・プスカシュ、アルフレッド・ディ・ステファノ、ディエゴ・マラドーナ、リオネル・メッシ……皆小柄です。むしろ、背の高い人はスーパースターにはなれないのかもしれません。マラドーナはジネディーヌ・ジダンを評して、「もう少し小さかったら史上最高の選手になれたかもしれない」と言っていました。

サッカーは機敏であることが有利に働きます。器用で小回りが利いて、瞬発力に優れているのは小柄な選手であることが多い。背の高い選手は空中戦では有利ですが、その他の場面ではむしろ大きすぎないほうが有利です。

足のサイズも関係があるかもしれません。ブラジル代表のスターだったソクラテスは193センチの長身でしたが、彼はチームメートのジーコを「パーフェクト・フットボーラー」と表現していたそうです。技術的にパーフェクトというだけでなく、体の大きさや足のサイズがちょうどいいという理由でした。ソクラテスは長身で足も長かったのですが、彼のサイズだと足下にあるボールをすぐに蹴り出すには大きすぎたそうです。シューズのサイズも大きいので、足首を寝かせたキックでないとボールの芯に足の甲を当てられない。身長172センチのジーコだと、足のサイズも26～27センチなのでボールを置き直さなくてもすぐに蹴ることができる、サッカーに適したサイズだと。

フィールドやボールの大きさが決まっている以上、サッカーに向いた体格というのもだいたい決まっていて、180センチ以下ということなのかもしれません。

ただ、大きな選手にはそれなりの利点はあります。空中戦や競り合いには有利でしょうし、リーチの長さも利点でしょう。サッカーはそもそも体格差にあまり影響を受けない競技です。バレーボールやバスケットボールでは長身が有利ですし、ラグビーのFWは軽量では務まりません。サッカーにはそうした体格の影響がほとんどない。

とはいえ、フィジカル能力の差は当然影響します。スプリントの速さ、走りきるスタミナ、パワーといった要素で優劣が生じます。しかし、それも技術や読みといった他の要素でカバーできる部分もあります。あまりにも差があれば別ですが、少しの差ならフィジカル能力は絶対ではないでしょう。

日本人は
サッカーに向いてない
なんでしょうか？

ANSWER

とくに不向きではない
と思います。

日本人がサッカーに不向きと思われる理由の1つに、いわゆる身体能力があります。身長が低い、筋肉がついていないなどですが、これらはあまり関係がないと思います。

例えば、ナイジェリアの選手は背も高いですし、筋骨隆々の選手も多く、技術レベルも高いですが、ワールドカップで優勝したことは1回もありません。身体能力の高さがあれば確かに有利ですが、それが決定的ではないということだと思います。陸上競技のトラック種目で黒人選手が圧倒的に強いのは、彼らの走るのに向いた身体能力によるものでしょう。しかし、サッカーの場合は走る能力だけがすべてではないということです。

ボールコントロールに関しては、日本人はそんなに下手ではありません。日本人だから習得できない技術というのはないので、これはハンデにはなりえない。

そうなると、不向きな理由としてあげられそうなのは戦術的な能力ということになります。判断力ですね。

局面での判断力と全体の判断力があると思います。シュートすべきところで躊躇する、パスすべき選手を間違える、ボールを奪いにいってかわされてピンチを招く、逆に寄せなければいけないところで寄せきらない……これらは局面での判断力です。全体の判断力とは試合を読む能力で、点差や時間帯、敵味方の状況に合わせた判断ができるかどうか。例えば、1―0で勝っている試合での残り5分と、負けている場合の残り5分では、優先すべきプレーが違ってきます。

日本は局面、全体の両方で判断力が弱いところはあると思います。ただ、それも日本人だからできないというものではない。どちらも適切な指導を受け、それなりの試合経験を積めば必ず改善できる類のものでしょう。

ですから、日本人だから不向きだというものはほぼないと思います。あるとすれば、日本という国の社会環境からの影響でしょうね。日本の社会、文化の中で育ったことで培われたものが、サッカーという競技に向かないという部分です。

育成環境は社会環境の縮図です。高校総体は夏に行われていて、しかも昼に試合をしています。日本の夏、真っ昼間にサッカーをやることがいかに過酷かは容易に想像がつきますよね。では、なぜそんなことをしているのでしょうか。精神力をつけるため？　いいえ、あれは学校の都合であぁなっているだけです。夏休みの短い期間に試合を詰め込まなければならない。学校の都合がスポーツの都合より優先されているだけです。同じように、ヨーロッパでは育成チームが1歳か2歳刻みでありますが、日本は中学、高校の括りで3歳刻みです。これも学校の都合です。サッカーの都合で考えると不合理なんです。当たり前だと思っていることが、サッカーの世界ではそうでもなかったりする。学校スポーツというシステム自体、サッカー界ではかなり特殊な環境にあるわけで。育成環境や指導も含めて、世界的にみればかなり非常識なことになっているのですが、あまりそれに気がつかない。ここがポイントだと思います。

もちろん気づいている人もたくさんいます。しかし、サッカー的に非合理であっても、それが成り立ってきた社会環境があるわけで、改善するのは簡単ではない。なので、非合理的であると自覚することがまず大事かと。そのうえで調整していくしか当面はやりようがないでしょう。

育成のほかにも社会的、文化的にサッカーに向いていない要素はたくさんあります。逆に、向いているところもあります。そのへんは他国も同じでしょう。1つ言えるのは、サッカーで社会は変えられないということです。仮に、貧しい環境がハングリー精神に溢れたゴールゲッターを生み出すとしても、じゃあ日本はもっと貧しくなるべきだと主張する人はいません。その社会にいる利点、欠点を自覚すればいいだけです。もし、そこで不向きである決定的な原因が見つかったとしても（たぶん見つからないでしょうが）、いまさらどうにもならないので気にする必要はありません。

日本は
どうすれば強くなれますか？
永遠にワールドカップでは
優勝できませんか？

**ANSWER**

強くなるための条件は
いろいろありますが、
ワールドカップ優勝は
可能だと思います。

世界でもトップクラスの11人がいれば、W杯優勝は可能です。問題はその11人プラスアルファを生み出すことができるかどうかですね。

極端に言えば、11人のワールドクラスだけがいれば理屈のうえでは優勝できます。あとの全国民がサッカーなどやったことがなくても、11人さえ素晴らしければ問題ない。ところが、そんな11人、あるいはW杯メンバー23人を輩出するには、かなり巨大な分母が必要なのが現状です。

これまでワールドカップに優勝した国は8カ国です。ウルグアイ、イタリア、ドイツ、ブラジル、イングランド、アルゼンチン、フランス、スペインだけです。そして、いずれの国もサッカーがナンバーワンの人気スポーツになっています。サッカーの人気がある国はほかにもたくさんありますが、とりあえずサッカー人気が二番目以下という国は優勝していません。その国のトップアスリートがサッカー界に集まる環境にある、それが条件の1つと言えるかもしれません。

才能を集められる環境の次は育成です。才能を伸ばすこと。優秀なコーチ、トレーニング施設、国内リーグ戦のレベルなど、才能を育てられる環境ですね。その中で競争が行われて、ワールドクラスの選手が出てきます。分母の量と質が必要です。ただ、人口の多さはあまり関係がありません。人口だけなら中国は世界一になっているはずです。サッカー人口、サッカー選手人口ですね。ユーロ2016でベスト16に入ったアイスランドの人口は31万人ほどで秋田市と変わりません。しかし、選手1人当たりの指導者の多さ、そのすべてがUEFAライセンスを持っていることなど育成環境が良い。

サッカーは他の競技ほど身体能力が影響しませんから、日本人にとくに大きなハンデはありません。永遠に優勝は無理と諦める理由は見当たらないと思います。

例えば、98年大会で優勝し、06年に準優勝したフランスは、国内リーグのレベルがヨーロッパの中でも最高というわけではありません。ただ、育成環境は整っていて、優秀な選手はイングランドやスペインなど、よりレベルが高いチームへ移籍して実力をつけました。日本もヨーロッパのクラブでプレーする選手が代表選手の半分ぐらいを占めるようになっています。ワールドクラスを全ポジションに揃えられるレベルにはありませんが、それが不可能とも言えないでしょう。

より大きな才能を集められる、才能を育てて伸ばせる環境がある。この2つが揃えば、プロとして経験を積むのは日本でなくてもワールドクラスの選手を生み出すのは可能です。

**西部謙司**（にしべ・けんじ）

1962年9月27日、東京都生まれ。小学校6年時にテレビでベッケンバウアーを見て感化される。以来、サッカー一筋。早稲田大学教育学部を卒業し、商社に就職するも3年で退社。学研『ストライカー』の編集記者を経て、02年からフリーランスとして活動。95年から98年までパリに在住し、ヨーロッパサッカーを中心に取材。著書に『1974フットボールオデッセイ』『イビチャ・オシムのサッカー世界を読み解く』（双葉社）、『Jリーグの戦術はガラパゴスか最先端か』（東邦出版）、『戦術リストランテⅠ～Ⅳ』（ソル・メディア）、『サッカー戦術クロニクルⅠ・Ⅱ』『眼・術・戦』（カンゼン）などがある。

**初心者の素朴な疑問に答えたサッカー観戦Q＆A**

発行日　2017年2月10日　第1刷
著　者　西部謙司
発行者　清田名人
発行所　株式会社内外出版社
〒110-8578 東京都台東区東上野2-1-11
電話　03-5830-0368　（販売部）
電話　03-5830-0237　（編集部）
http://www.naigai-p.co.jp
印刷・製本　近代美術株式会社


ISBN 978-4-86257-290-5　C0075

## 好評 既刊

# サッカーで一番大切な「あたりまえ」のこと

## 弱くても勝つ！　大分高校サッカー部

朴 英雄 著
ひぐらしひなつ 構成・執筆

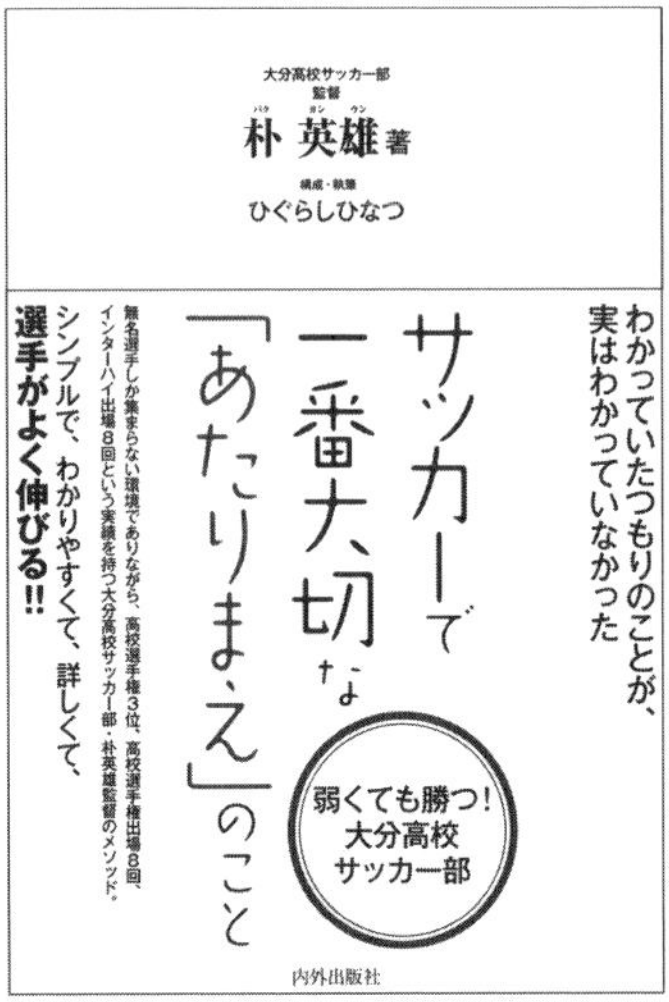


定価・本体 1400 円＋税

ISBN 978-4-86257-254-7


無名選手しか集まらない恵まれない環境でありながら、幾度も全国大会出場を果たしてきた大分高校サッカー部。「超弱いチームでも強くなるよ」という朴英雄監督が実践する「フリーマンサッカー」、そして選手の特長を最大限に「伸ばす&生かす」指導法・チーム作り。「あたりまえ」だけど、多くの指導者・選手が見失いがちな指導の原点、強くなるためのヒントが満載！